BODYPAINTING

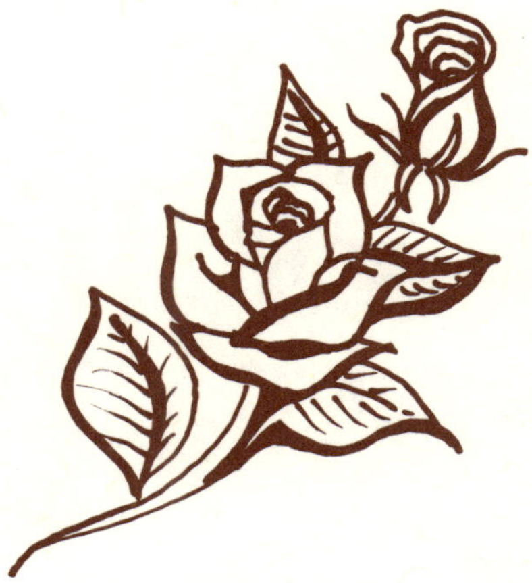

Petra Rascher

BODYPAINTING

Das große Buch der Zeichen und Symbole

vgs

福

Die Deutsche Bibliothek – CIP-Einheitsaufnahme
Rascher, Petra:
Bodypainting: das große Buch der Zeichen und Symbole /
Petra Rascher. -Köln:
vgs, 1999
ISBN 3-8025-1397-5

Muster: Petra Rascher
Umschlagfoto: Sabine Kühne, Köln
Gesamtgestaltung: Christa Stüber, Köln
Redaktion: Martina Weihe-Reckewitz
Lektorat: Susanne Breuer
Produktion: Ilse Rader
Druck: Clausen & Bosse, Leck
Printed in Germany
ISBN 3-8025-1397-5

Inhalt

INDIEN

Traditionelle Mehndis und Kolams

MEHNDIS

Da die Mehndi-Kunst nur verbal weitergegeben wurde, ist viel von den ursprünglichen Bedeutungen der Symbole verlorengegangen. Die Bedeutung der folgenden Motive hat sich aber über Jahrhunderte hinweg überliefert.
Da Blumenmuster nicht nur in Indien eine besondere Rolle spielen, haben wir diesen Ornamenten ein eigenes Kapitel (ab Seite 28) gewidmet.

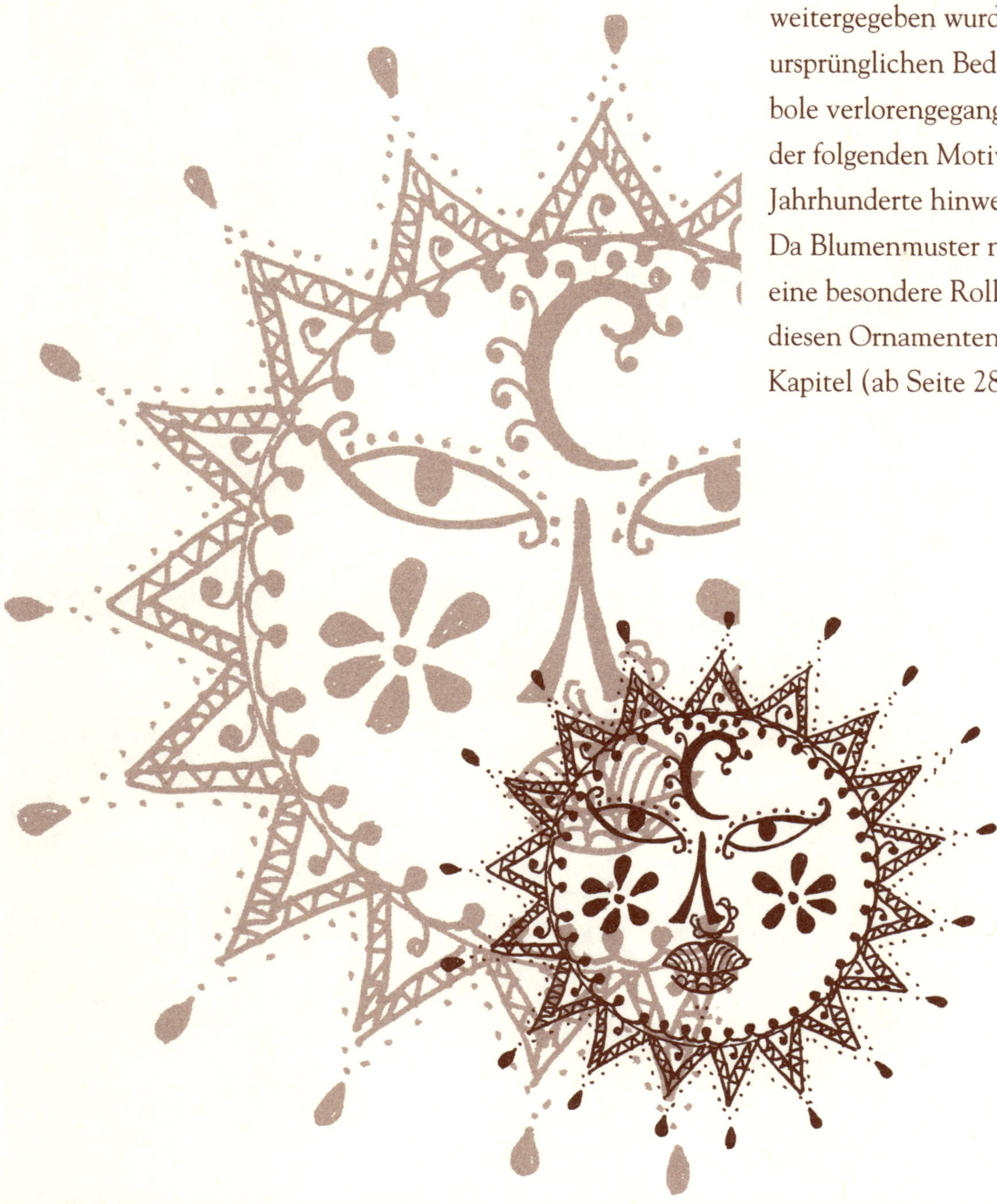

Tiermotive

Tiere tauchen in der Mehndi-Kunst hauptsächlich in Form von Vögeln, Krokodilen und Elefanten auf. Bei den Vögeln steht an erster Stelle der Schwan, gefolgt von Störchen, Pfauen und manchmal Flamingos. Sie gelten als Mittler zwischen Himmel und Erde und werden deshalb als spirituelle Wesen angesehen. Häufig werden sie als Paar dargestellt und symbolisieren dann Ehepaare. Einzelne Vögel stehen für einen Neuanfang und Veränderung oder auch den Übertritt in einen neuen Lebensabschnitt, der Flamingo steht beispielsweise für Licht. Zum Neujahrsfest wird häufig ein Vogel abgebildet.

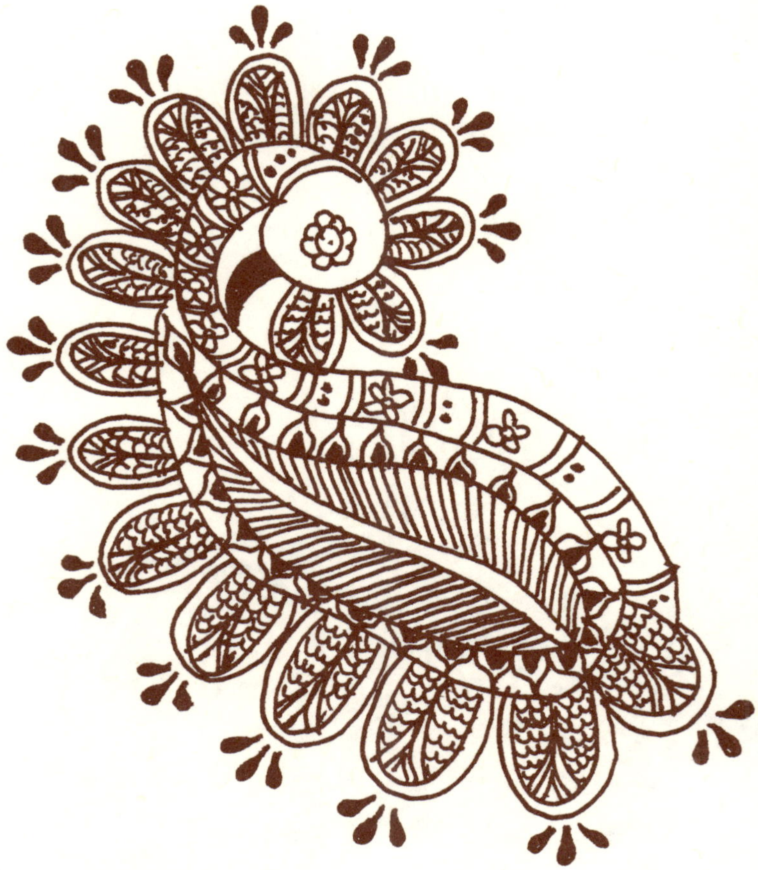

Der Storch symbolisiert im Orient ein langes Leben (immerhin wird er bis zu zwanzig Jahre alt). Er ist außerdem in den meisten Kulturen ein Symbol für Fruchtbarkeit und Kinderwunsch – wahrscheinlich deshalb, weil der Storch regelmäßig im Frühjahr, wenn die Natur wieder erwacht, zu seinem Nest zurückkehrt. Durch seine typische Körperhaltung, auf einem Bein stehend, gilt der Storch auch als Metapher für Nachdenklichkeit, Geduld und philosophische Betrachtung.

INDIEN

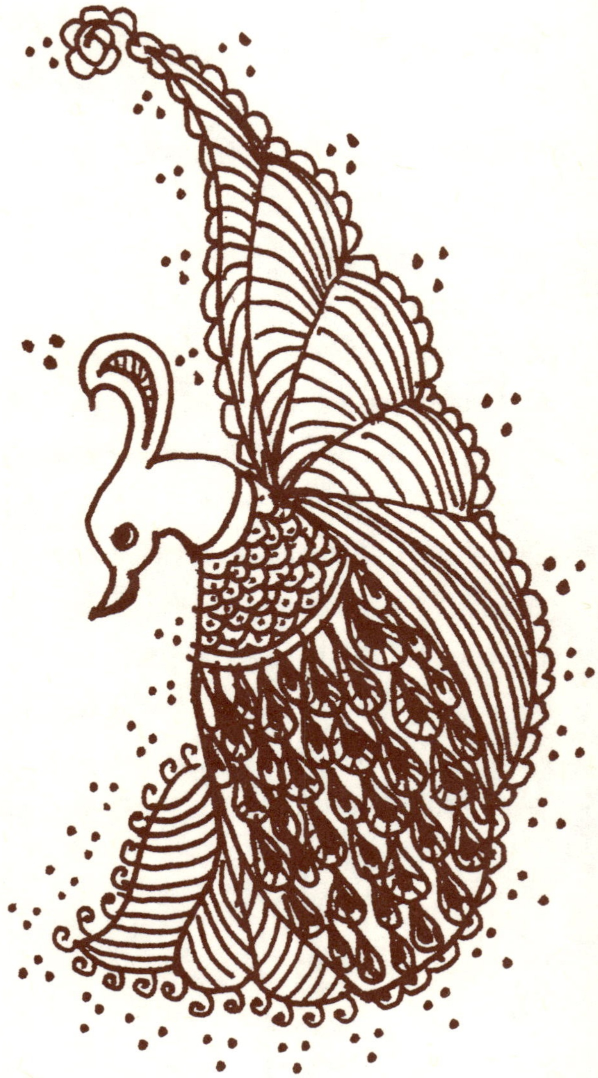

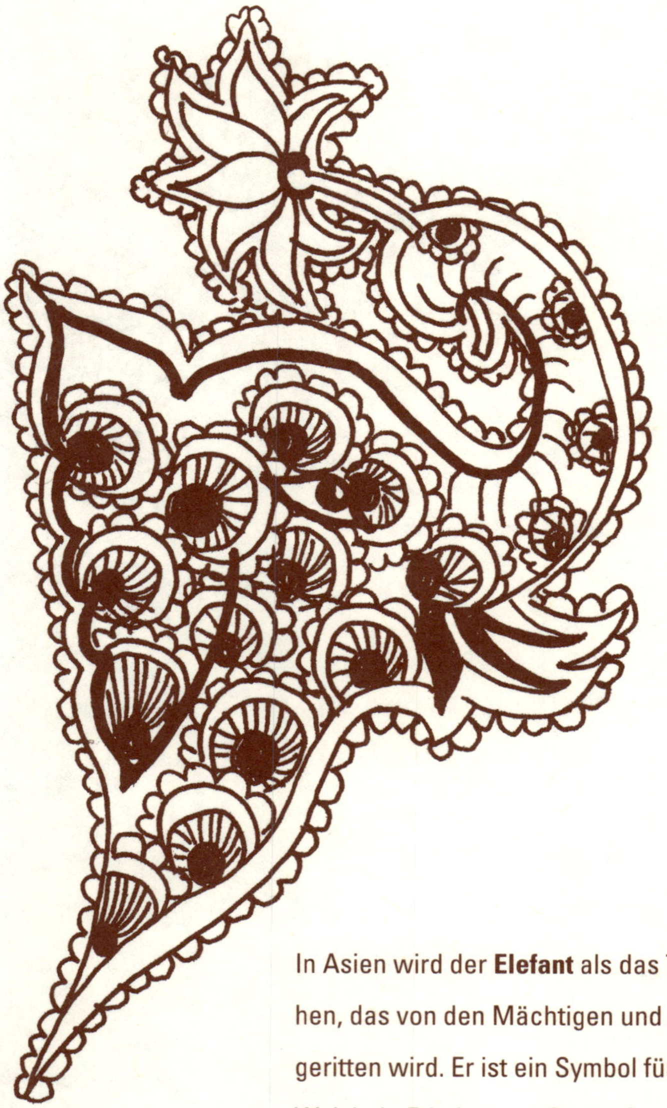

Der **Pfau** ist das Wappentier Indiens und weist auf die Verbundenheit mit dem Vaterland hin. Er wird außerdem mit der Sonne in Verbindung gebracht, wohl aufgrund seiner langen, farbigen Schwanzfedern, die ein Sonnenrad symbolisieren und zugleich einen Teil des Universums, den Vollmond oder die Mittagssonne. Im Buddhismus ist der Pfau das Reittier Buddhas.

In Asien wird der **Elefant** als das Tier angesehen, das von den Mächtigen und den Göttern geritten wird. Er ist ein Symbol für Macht, Weisheit, Frieden und Glück. Ganesha, der Sohn des Gottes Shiva, wird oft mit einem Elefantenkopf dargestellt.
In Indien wird der Elefant als Träger des gesamten Universums angesehen.

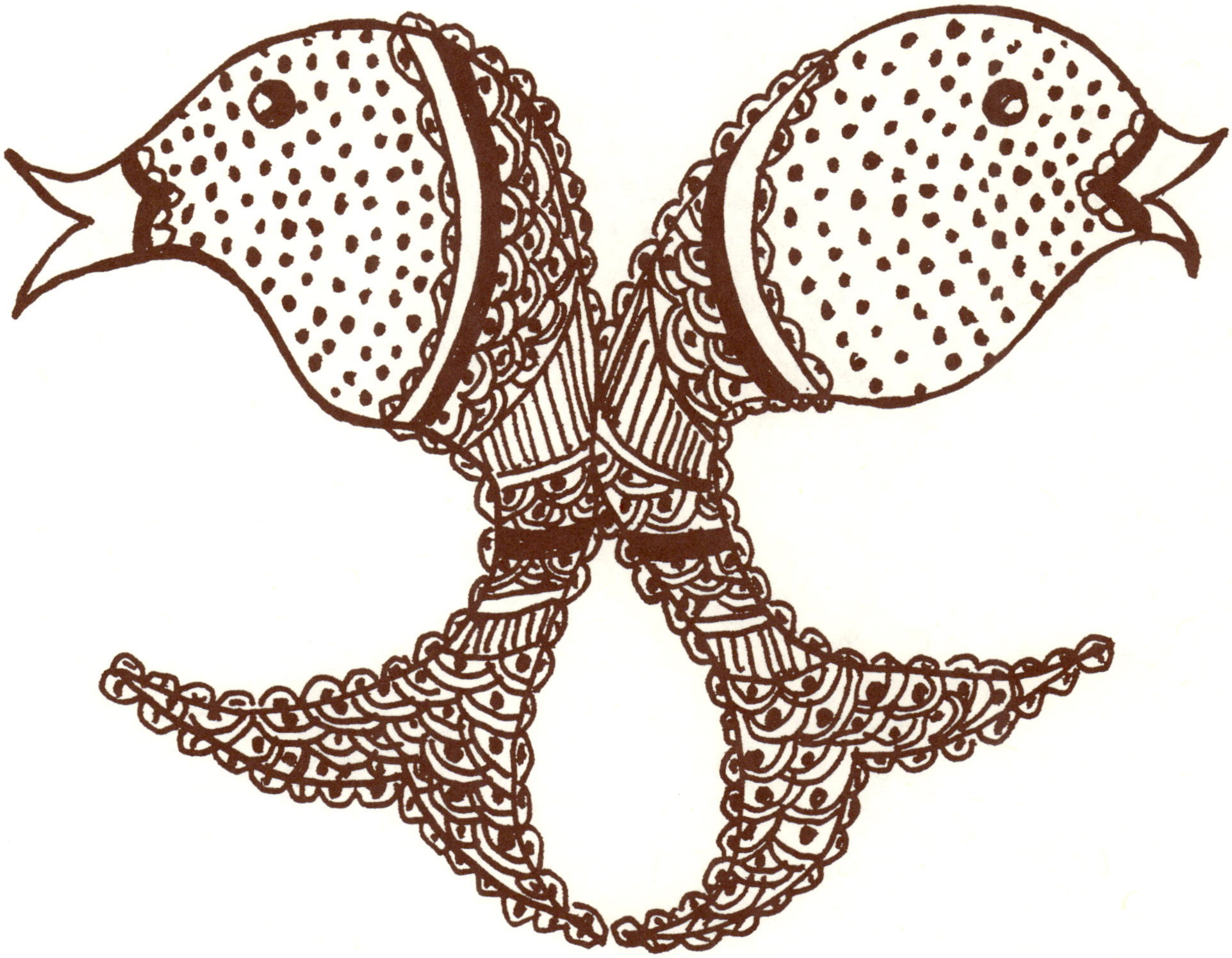

Da **Fische** für das Element Wasser stehen, sind sie ein Symbol für Leben und Fruchtbarkeit. Sie gelten deshalb auch als heilig.

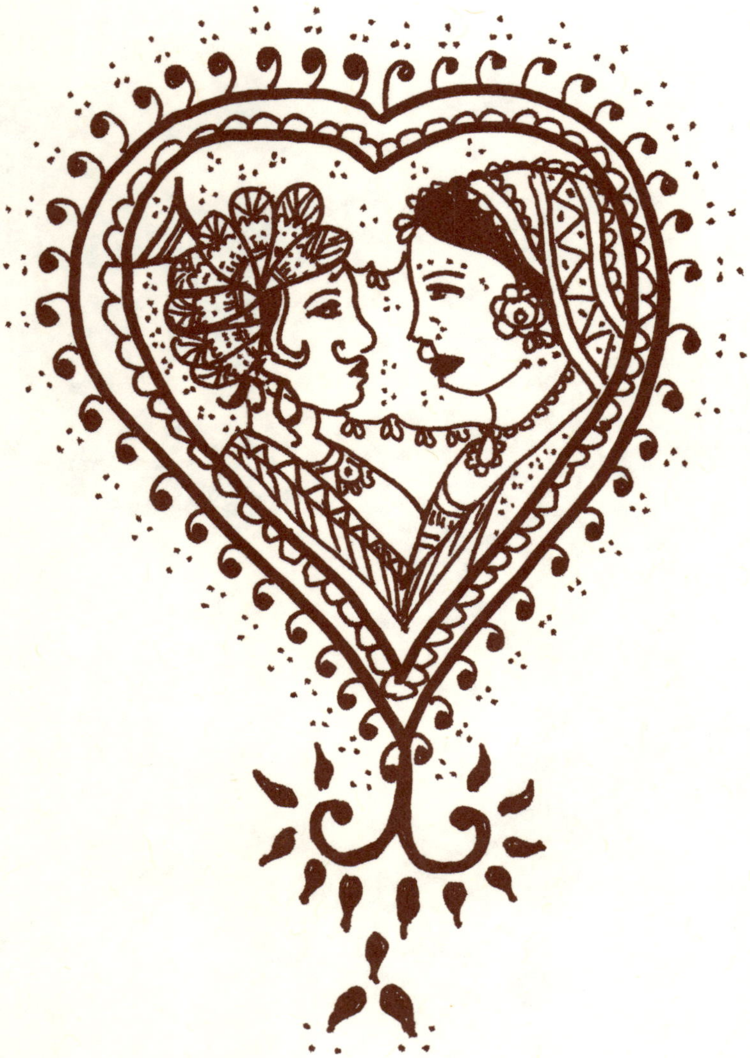

Gesichter

Menschen werden immer paarweise abgebildet und symbolisieren Brautleute und deren Liebe zueinander. Oft wird das Paar von einem stilisierten Herzen umrandet.

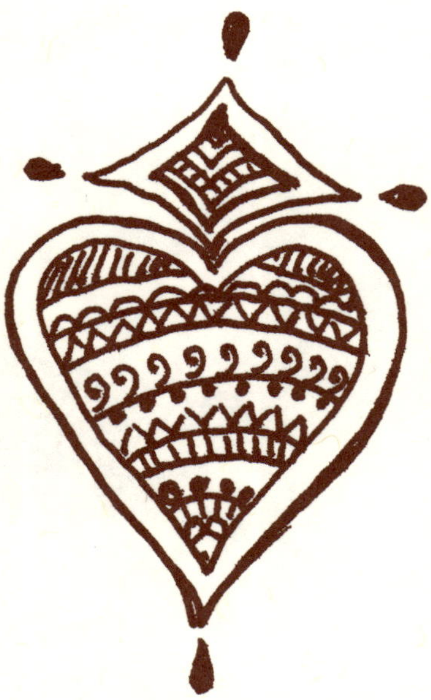

Herz Das Herz, zentrales Organ des Körpers, gilt als die Mitte des Universums, als Ort, der den Kontakt mit Brahma (der Personifizierung des Absoluten) herstellt. In Ägypten betrachtet man das Herz als Zentrum der Lebenskraft, des Willens und der Gedanken.

Arabesken

sind die häufigsten Mehndi-Ornamente: Sie stellen mit ihren immer wiederkehrenden Blütenmustern beständiges Wachstum dar. Schlichte gepunktete Linien können dabei den Regen als erneuerndes, nährendes Element symbolisieren.

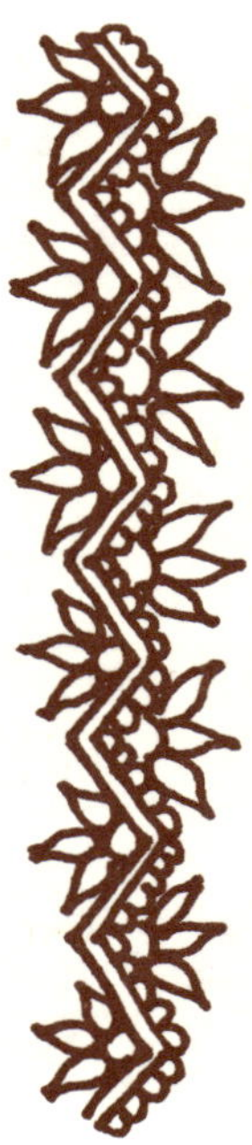

INDIEN

Die Rankenornamente eignen sich außerdem hervorragend zur typisch indischen Bemalung der Finger sowie als Schmuck um Hals, Handgelenk und Fußgelenk.

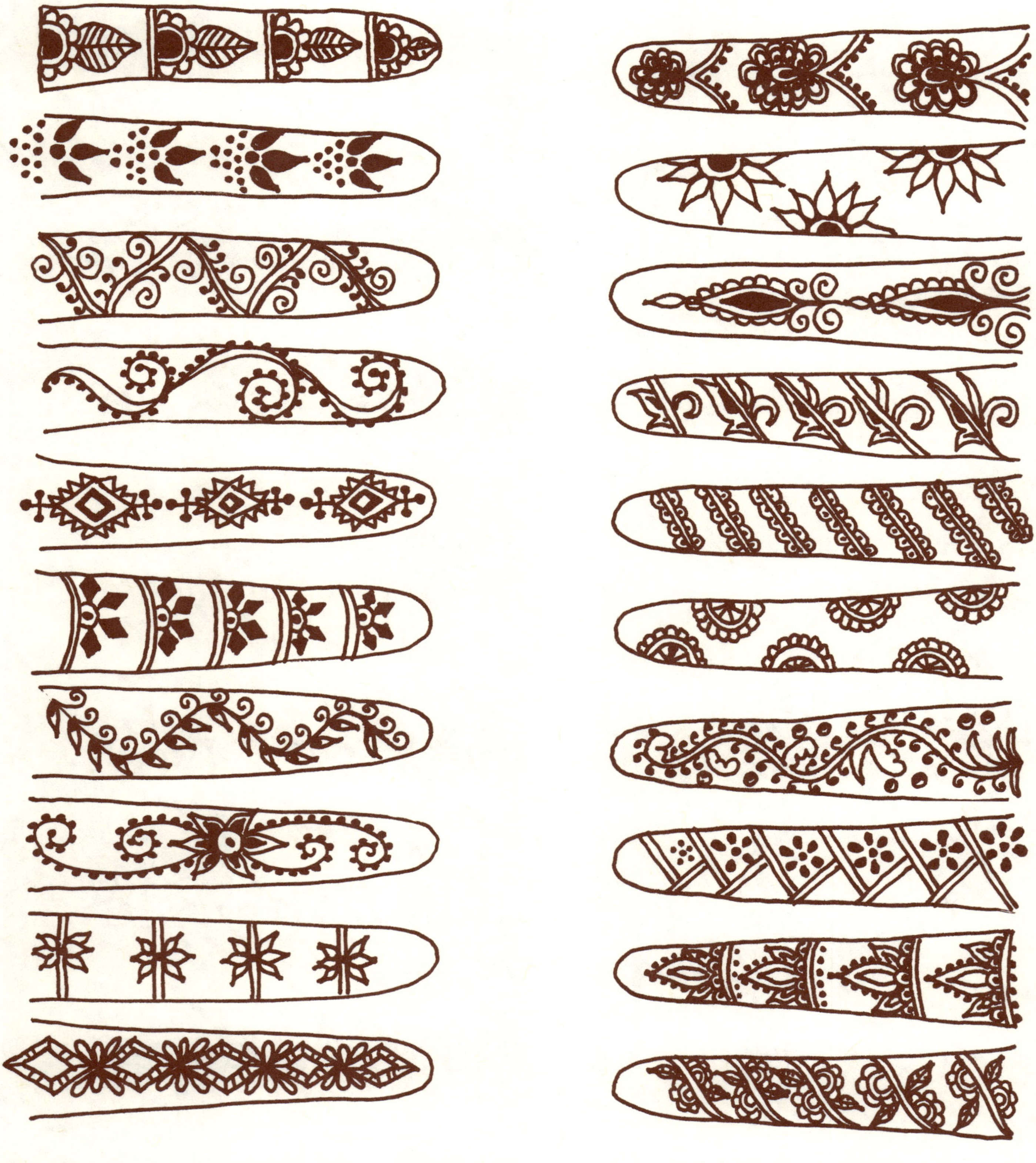

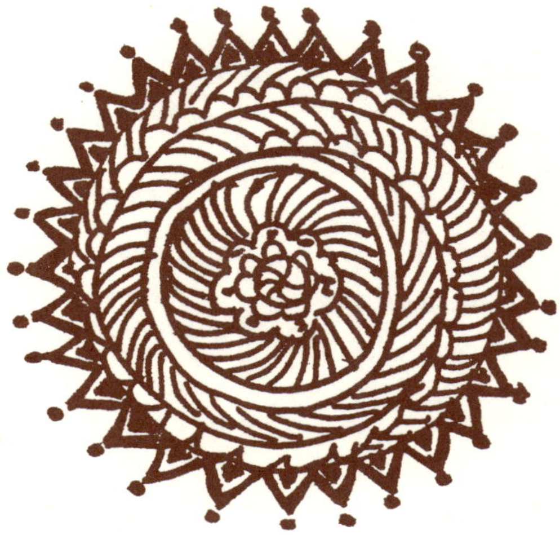

Kreise

Kreise und Räder werden meistens als Sinnbild für die Sonne oder die Erde eingesetzt. Der Kreis ist das Zeichen für Einheit, das Absolute und die Perfektion. Er bedeutet Einheit der spirituellen Kräfte. Da er keinen Anfang und kein Ende hat, ist er auch das Symbol für die Ewigkeit. Kreise und Räder sollen häufig den Anfang und das Ende, das Gute und das Böse symbolisieren.

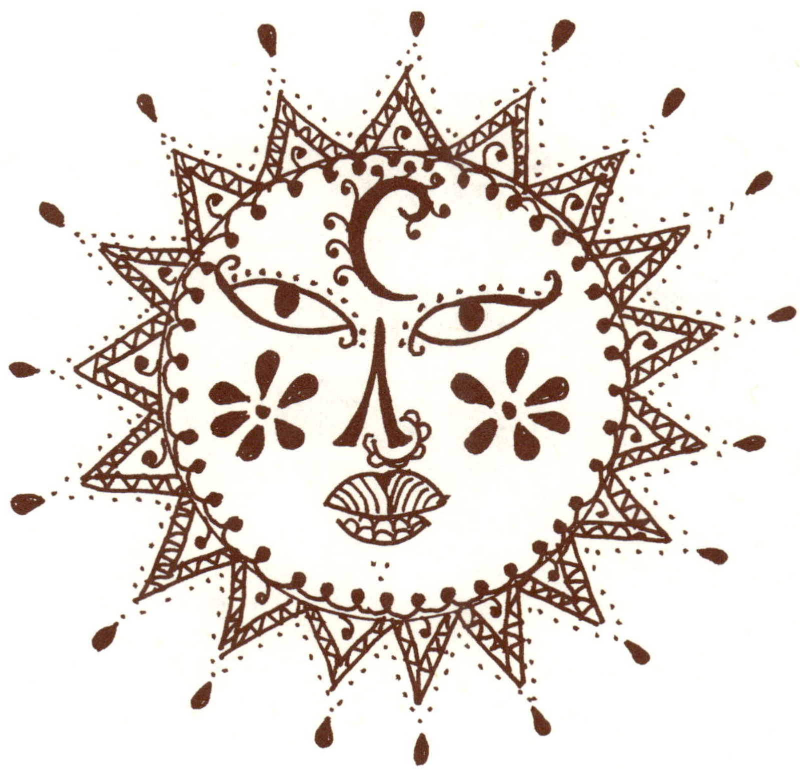

Die Sonne wird als das lebensspendende Element angesehen und bedeutet Wärme und Licht. Da sie regelmäßig auf- und untergeht, wird sie mit Auferstehung und Neuanfang in Verbindung gebracht. Weil sie auf alle Menschen gleich scheint, ist sie auch ein Symbol für Gerechtigkeit.

Gegenstände

Gelegentlich werden auch Dinge des täglichen Lebens dargestellt wie Boote, (Wunder-)Lampen, Vasen oder Schalen, wobei letztere – wie auch die Lampen – immerwährenden Reichtum symbolisieren. Boote oder Sänften stehen für den Anfang eines neuen Lebensabschnitts oder das Umschiffen gefährlicher Gewässer.

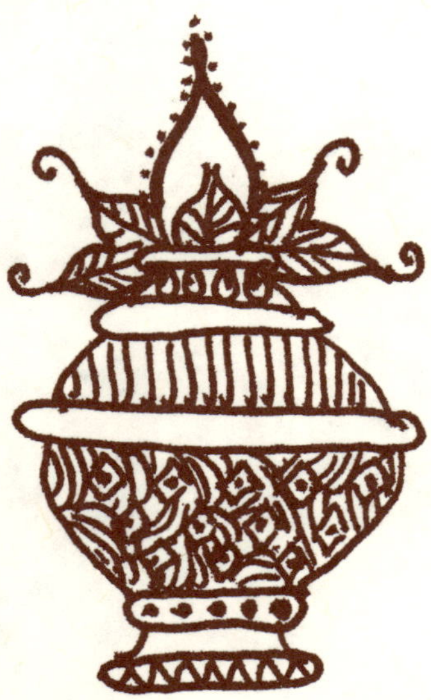

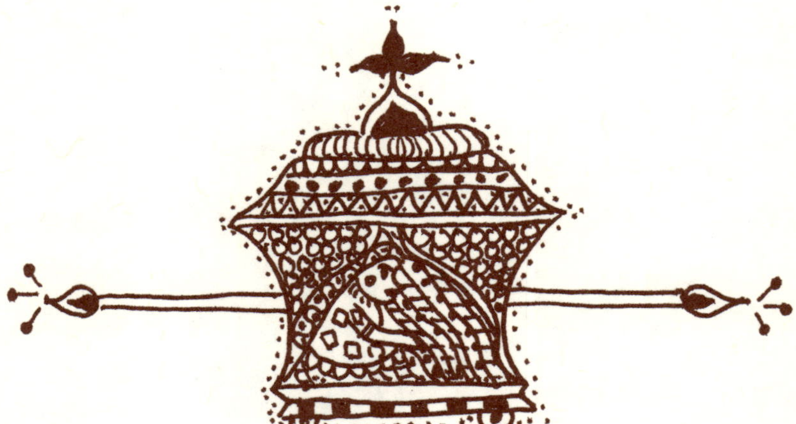

Grafische Elemente

Diese fünf grafischen Elemente kommen in jedem Mehndi vor. Sie sollen sich harmonisch miteinander verbinden (siehe unten rechts) und den Organismus in Einklang bringen.

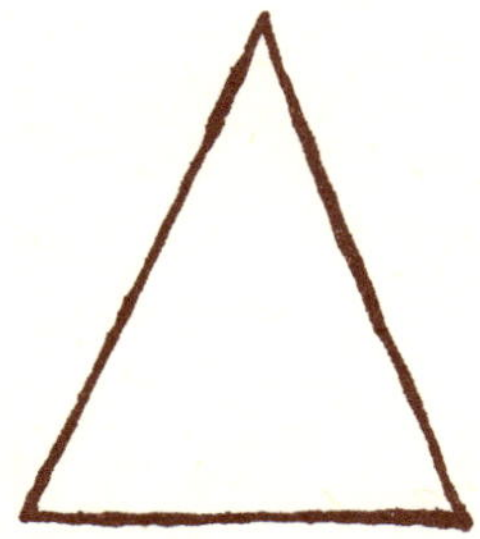

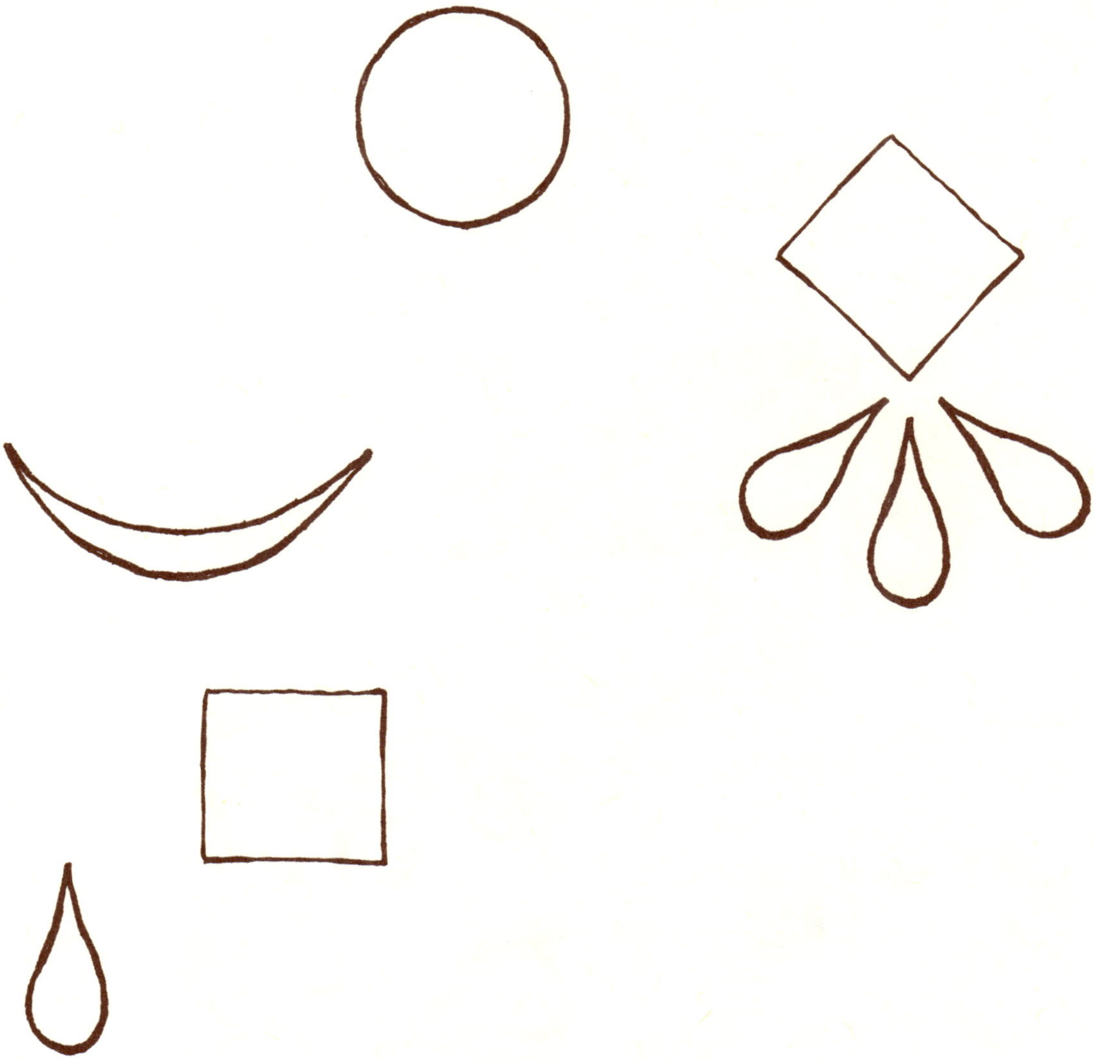

SYMBOLE

Die folgenden Symbole haben einen sehr alten Hintergrund. Sie alle besitzen eine ganz bestimmte Bedeutung, die entweder vom Träger des Symbols nach außen zu erkennen gegeben wird oder das Leben desjenigen, der das Mehndi bekommt, beeinflussen soll. Die Symbole können in ein komplexes Muster integriert werden, sie wirken aber auch als einzelnes Schmuckelement äußerst attraktiv.

Glück Aum

Dieses traditionelle Zeichen trug Madonna eine Zeitlang auf ihrer Handinnenfläche. Nicht zuletzt dadurch wurde die Mehndi-Kunst auch

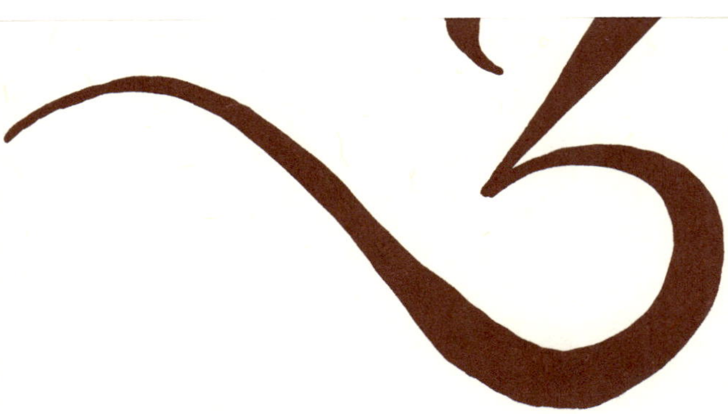

Liebe Abat

Dieses Zeichen steht für Nähe, Wärme, Zuwendung. Es signalisiert die Bereitschaft, eine Beziehung einzugehen, und festigt das Band einer bereits bestehenden Verbindung. Außerdem drückt es den Glauben an das Gute im Menschen aus und steht für Treue, Bestän-
tigkeit. Es bedeutet aber auch
ırückstellen eigener Inter-
htnahme.

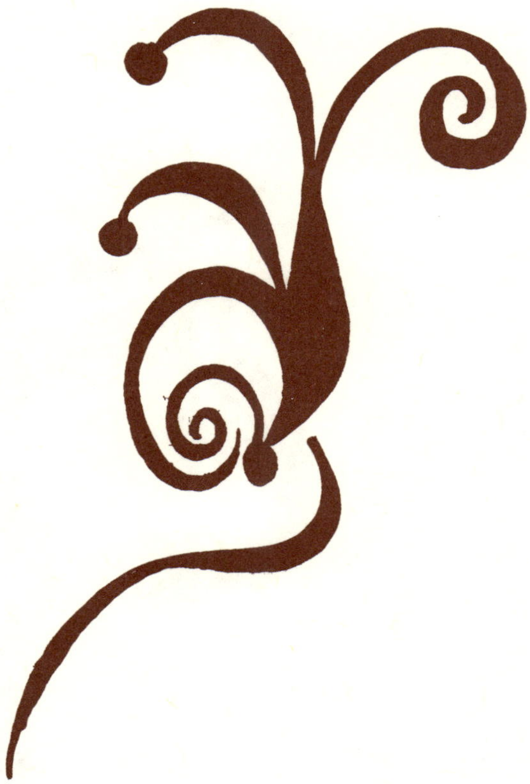

INDIEN

Sex Quem

Quem signalisiert Liebesbereitschaft und körperliche Hingabe. Der Träger mobilisiert seine Körperenergien, sensibilisiert die Sinne und die Empfindsamkeit. Die Wirkung auf andere Menschen wird intensiviert. Gleichzeitig wird die Balance von Körper und Geist zugunsten des Körpers verschoben. Mit diesem Symbol wird die Lust auf Zärtlichkeit und Sex angeregt.

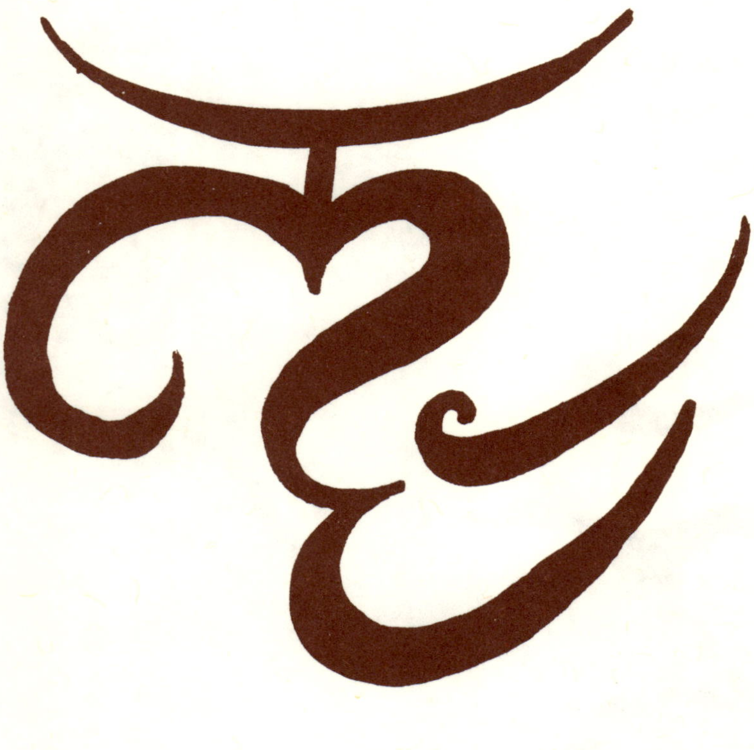

Geld Chiron

Dieses Symbol soll den finanziellen Wohlstand sichern. Besitz und Güter stehen im Vordergrund, materielle Aspekte gewinnen an Bedeutung. Man hat die Finanzen immer im Auge.

Der Träger kann darauf hoffen, daß Anschaffungen fortan unter einem guten Stern stehen, Investitionen sich lohnen. Kurzum: Wer in der Zukunft auf mehr Geld hoffen will, stimmt die Götter mit diesem Zeichen günstig.

Karriere Sirit

Dies ist das Symbol für Erfolg im Beruf, Durchsetzungsvermögen, Zielstrebigkeit. Dem Träger soll es zu einem klaren, präzisen Denken verhelfen. Es soll die Kräfte zentralisieren, das Augenmerk auf wichtige Aspekte lenken.

Für alle, die in irgendeiner Form Karriere machen wollen, gilt es als Stütze und Quelle neuer Ideen. Gleichzeitig steht es für die Gelassenheit, selbst in brenzligen Situationen einen ruhigen Kopf zu bewahren.

INDIEN

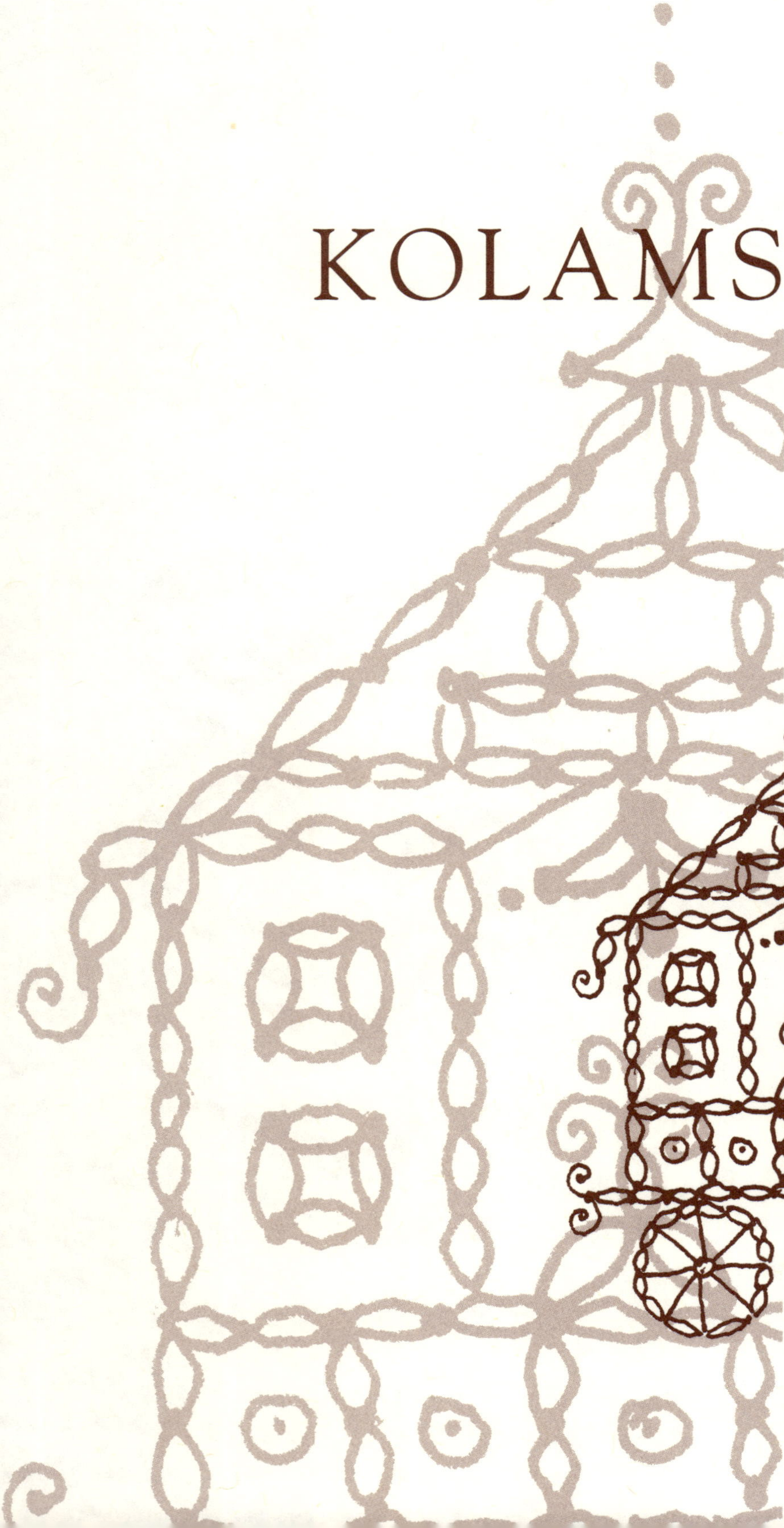

KOLAMS

Kolams sind Ornamente, die im südindischen Raum vor Türeingängen mit Reispulver auf den Fußboden gemalt werden. Sie sind den Mandalas ähnlich und werden nicht nur zu dekorativen Zwecken angefertigt, sondern sollen auch der Insektenvertreibung dienen.

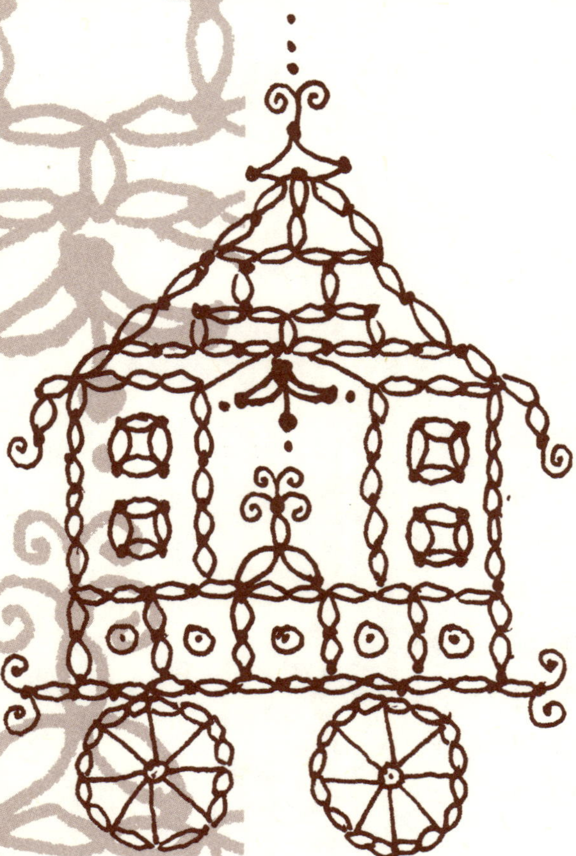

Zur Geburt eines Kindes

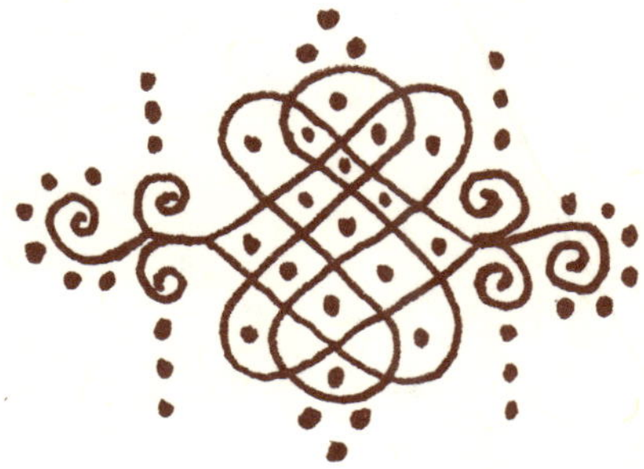

Es bedarf keines bestimmten Anlasses, seine Türschwelle mit einem Kolam zu verzieren, denn grundsätzlich werden sie eigentlich vor jeder wichtigen Feierlichkeit angebracht, beispielsweise bei einer Geburt, Taufe, Hochzeit oder bei einem Sternenfest (indisches Fest der Lichter, etwa vergleichbar mit unserem Weihnachten).
Die folgenden, besonders dekorativen Kolams bestehen aus vielen Punkten, die miteinander verbunden werden und so das »Design« bilden.

Solche Kolams dienen im Süden Indiens anläßlich einer Vermählung (rechts) oder Geburt eines Kindes (links) als symbolträchtige Dekoration.

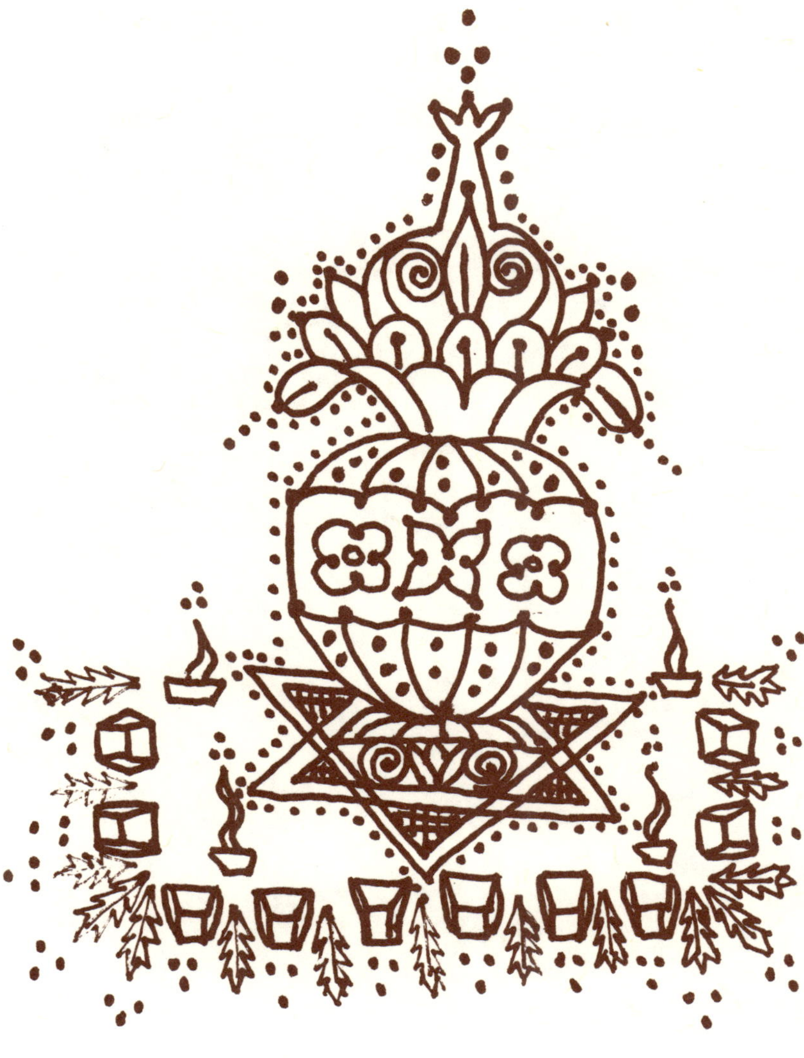

Zur Vermählung

INDIEN

Diese Kolams lassen sich als Schmuck für jede festliche Gelegenheit verwenden.

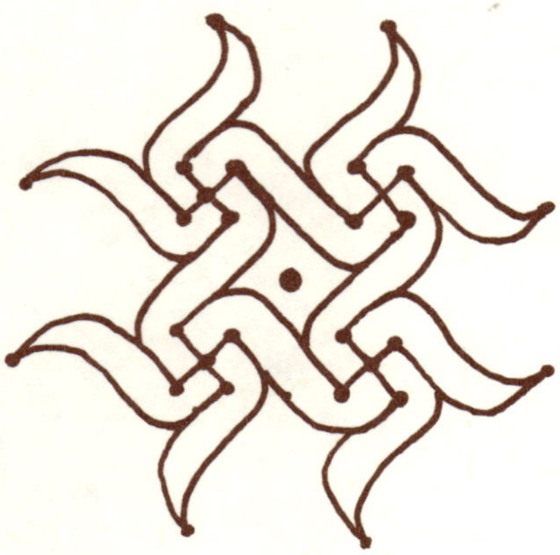

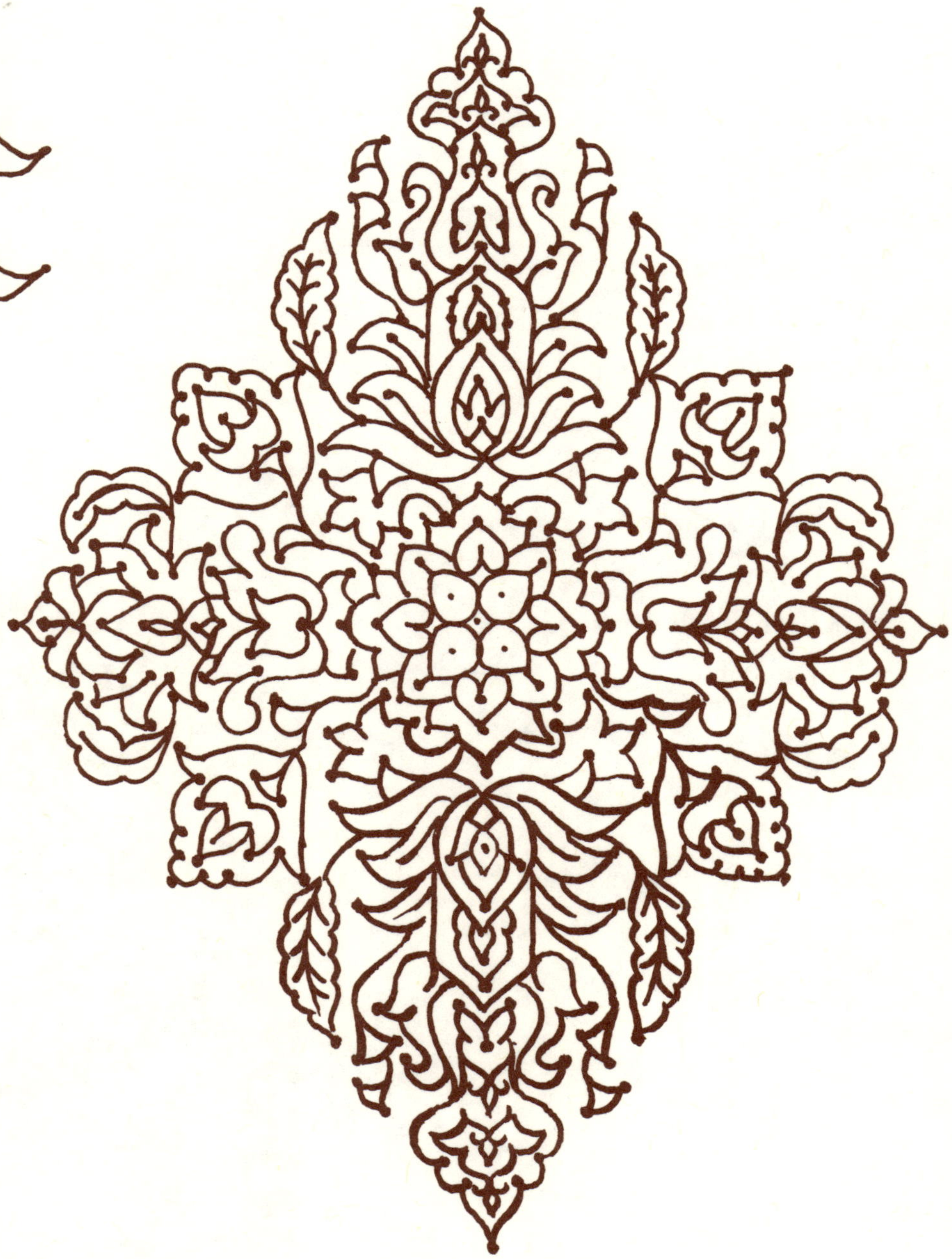

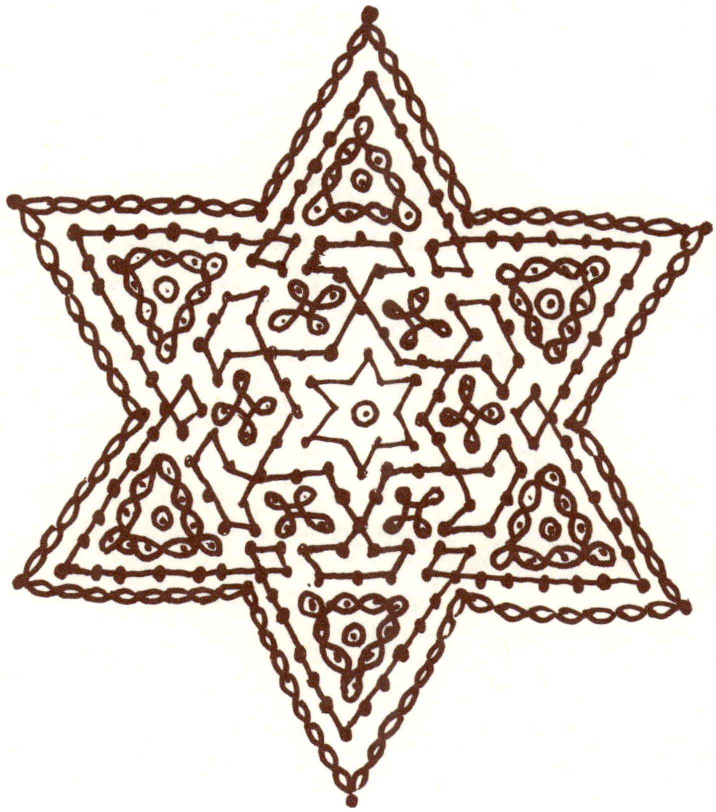

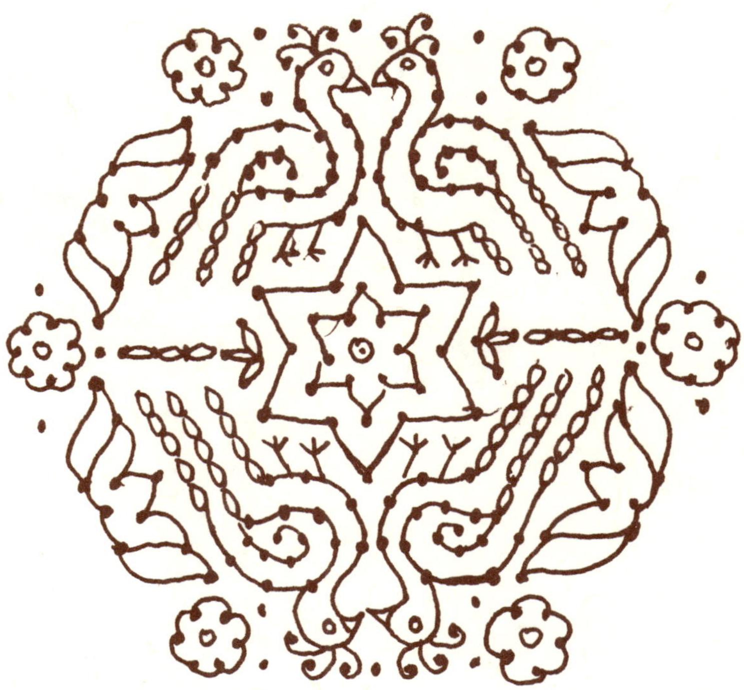

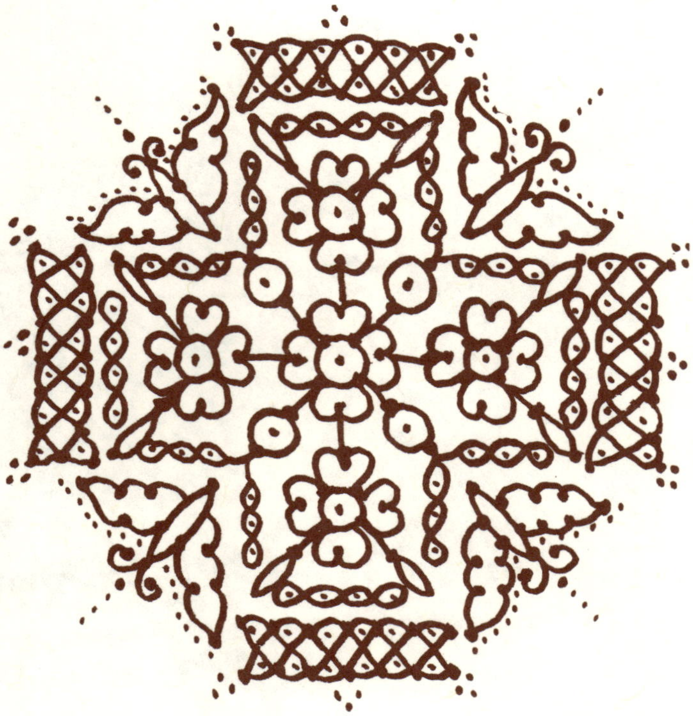

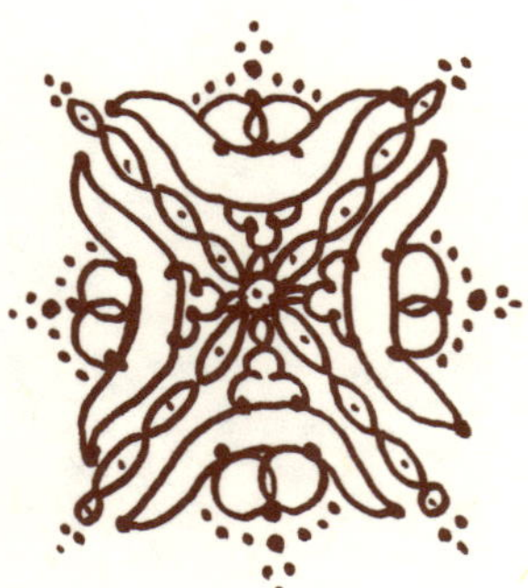

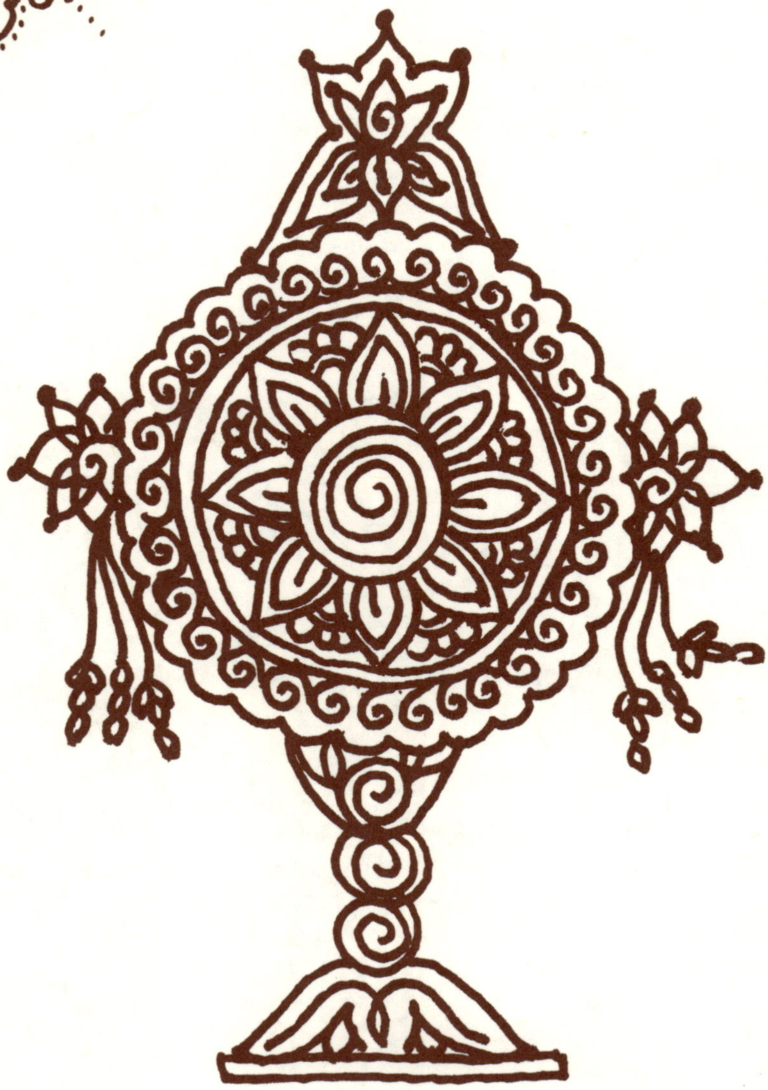

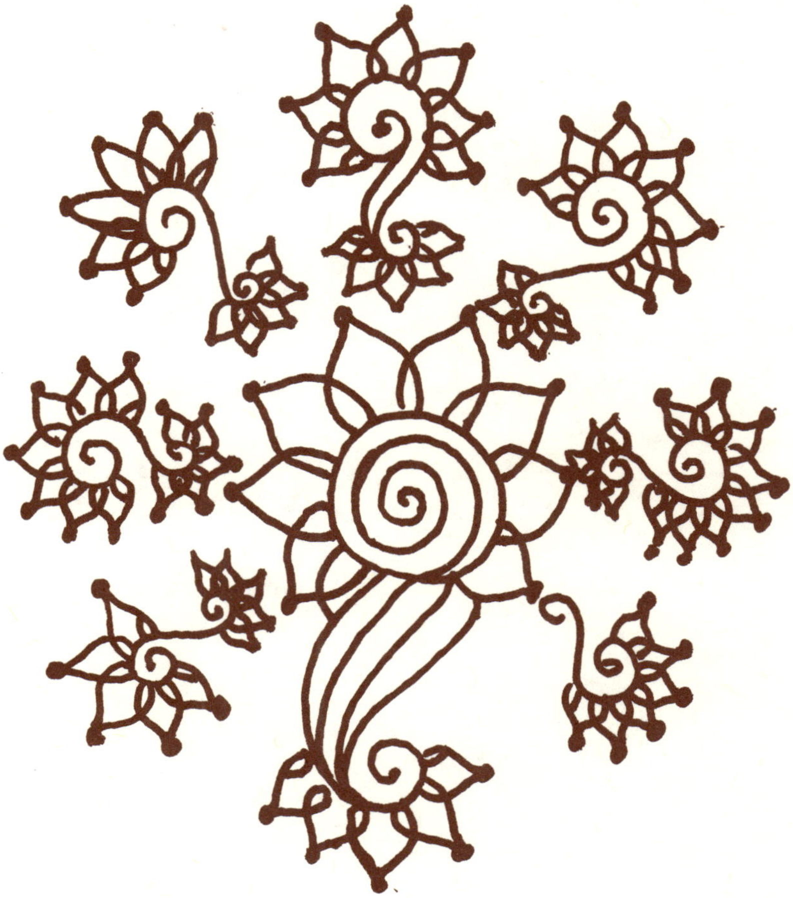

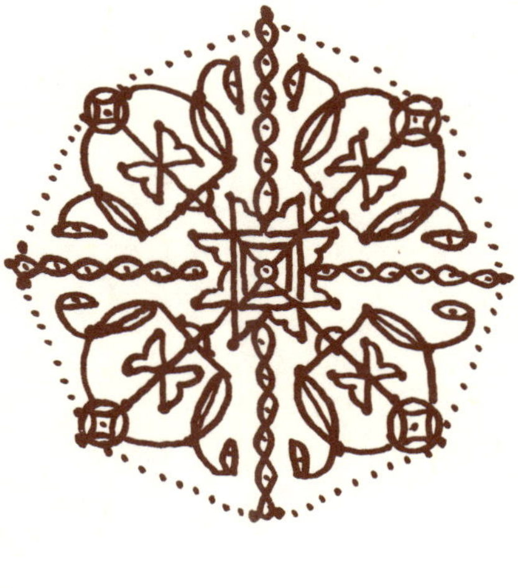

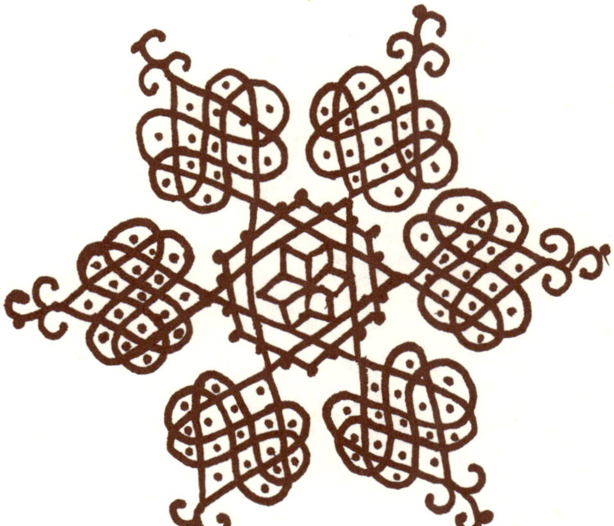

STILVOLLE BLÜTENPRACHT

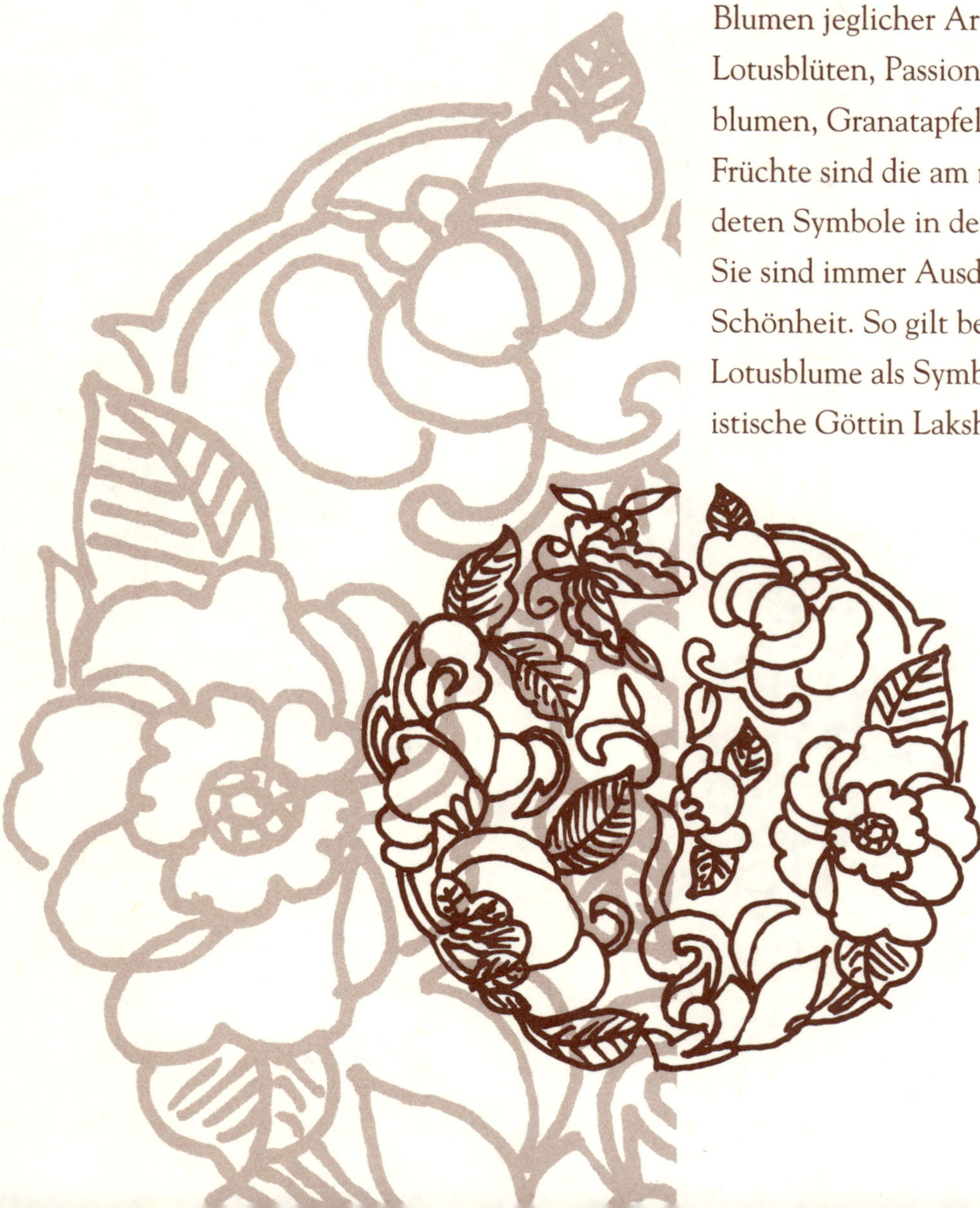

Blumen jeglicher Art – zum Beispiel Lotusblüten, Passionsblumen, Sonnenblumen, Granatapfelblüten – sowie Früchte sind die am meisten verwendeten Symbole in der Mehndi-Kunst. Sie sind immer Ausdruck weiblicher Schönheit. So gilt beispielsweise die Lotusblume als Symbol für die hinduistische Göttin Lakshmi, die Gesund-

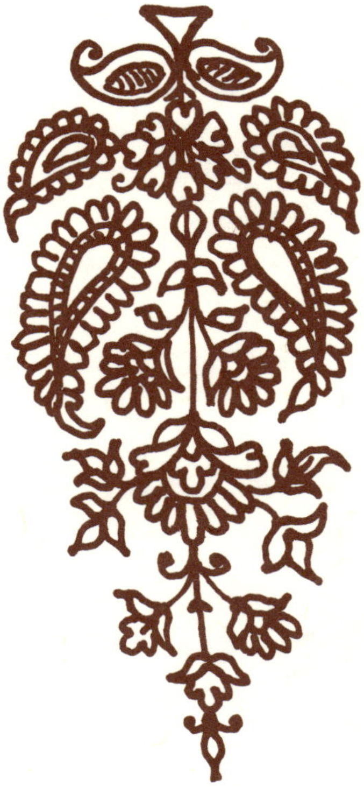

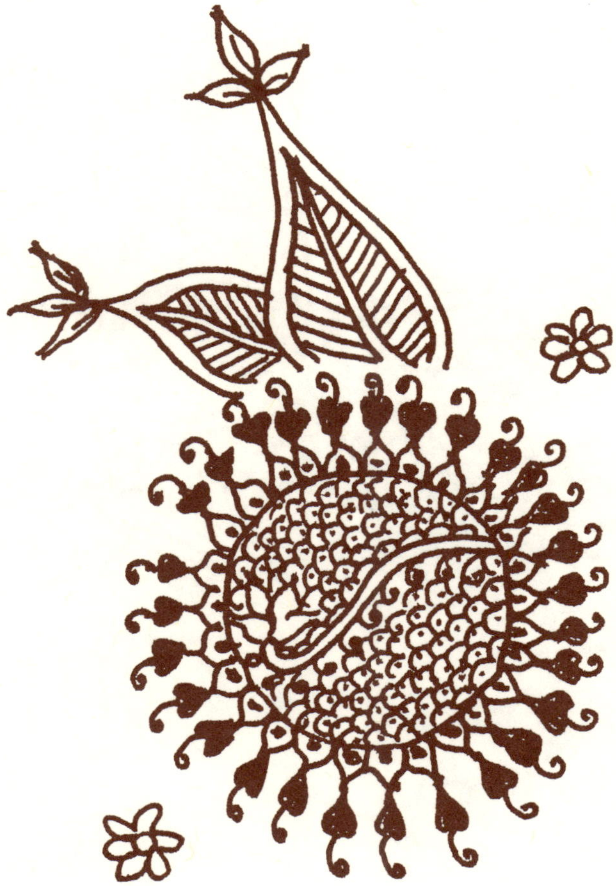

heit, Schönheit und Freude darstellt. Sie ist außerdem eine Metapher für die Wiege des Universums. Im Hinduismus heißt es, der Gott Brahma wäre in ihr geboren. Auch Buddha wird oft in einer Lotusblüte sitzend abgebildet und verkörpert so das stetige Wachsen und Gedeihen, den ewigen Kreislauf der Natur. Mit ihren in alle Richtungen weisenden Blütenblättern symbolisiert die Lotusblume auch kosmische Harmonie und das Licht.

BLUMEN

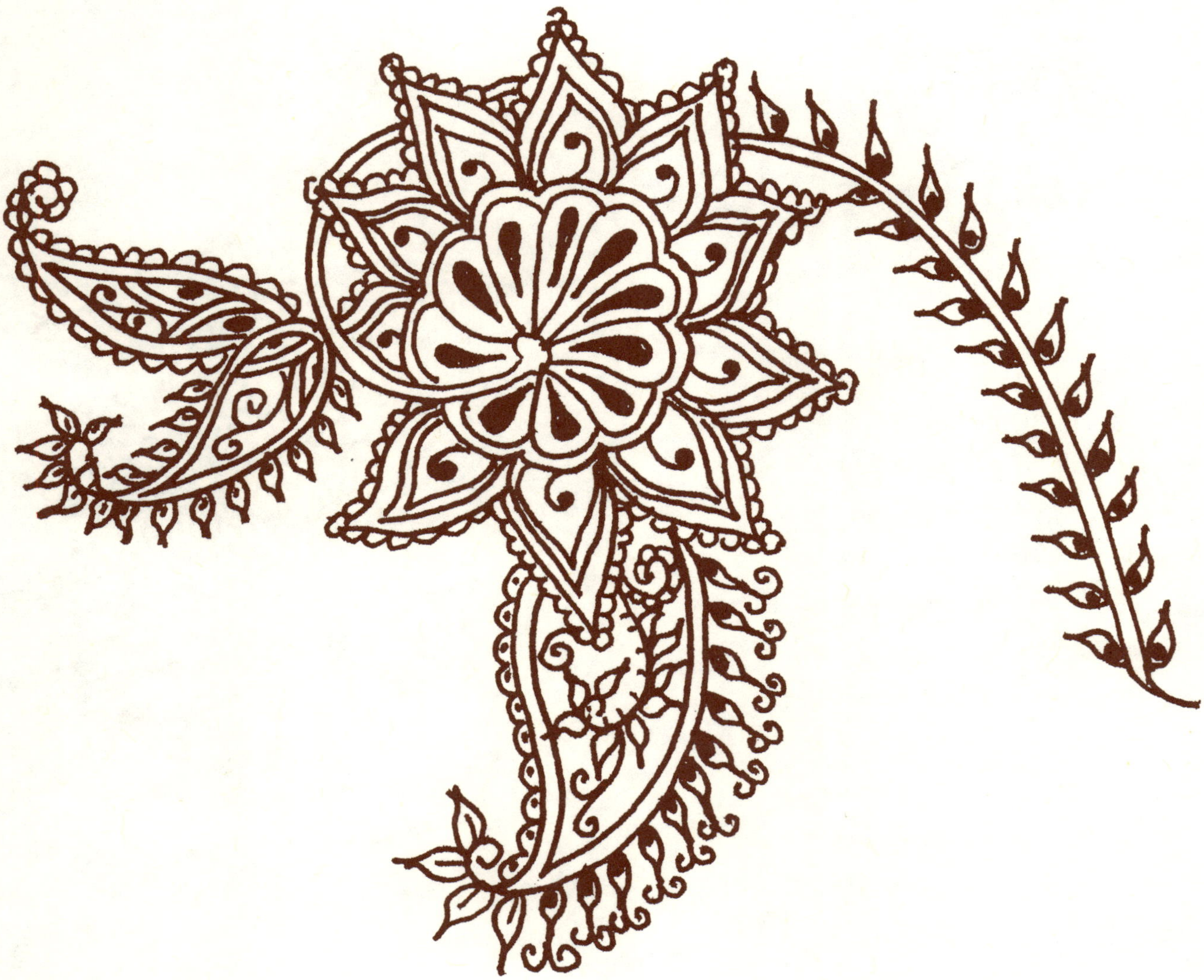

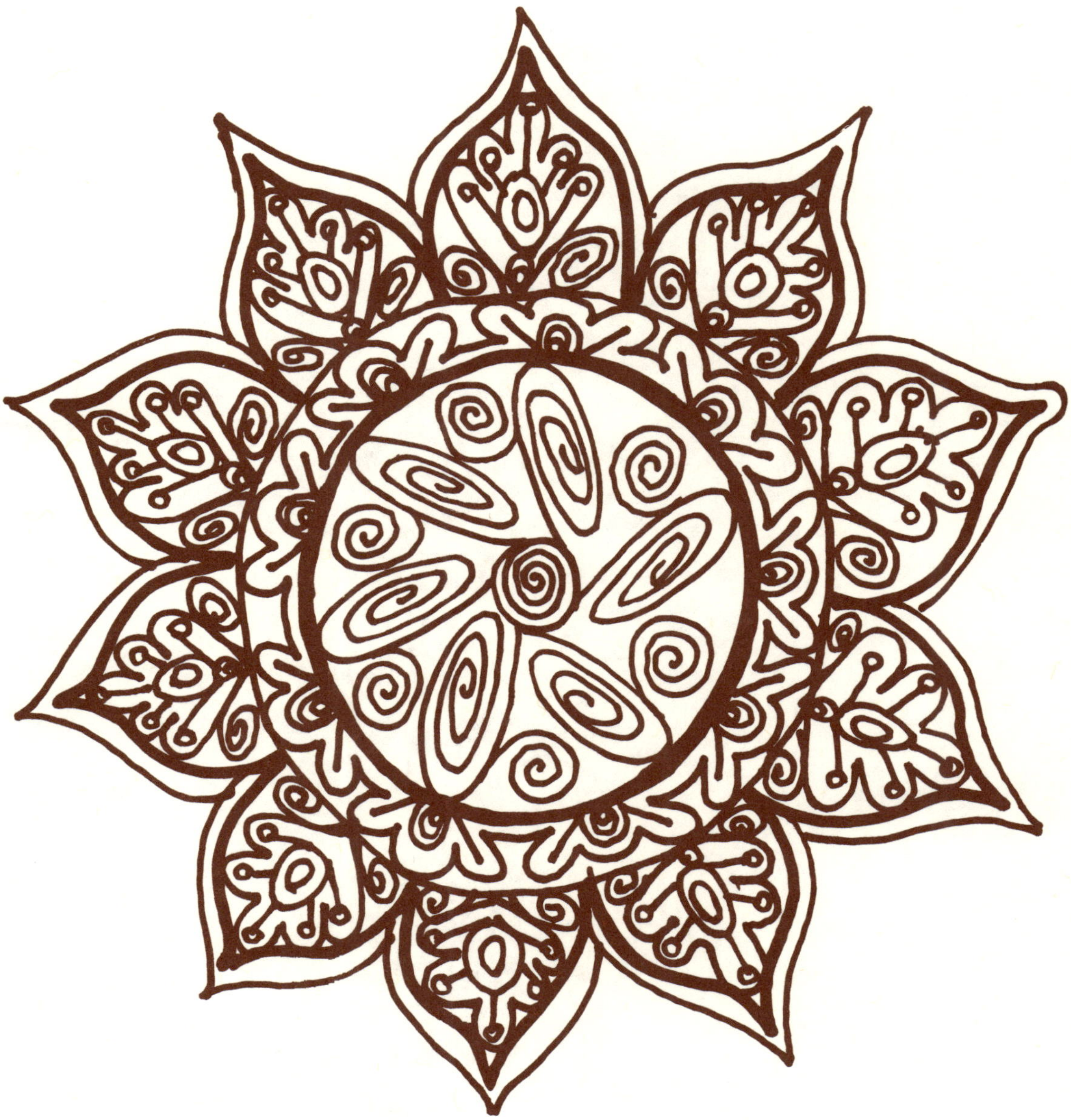

BLUMEN

Blumenranken

stehen in der Mehndi-Malerei für das Wachsen der Liebe zwischen frisch Verliebten. Sie bieten sich an als zartes Band um den Oberarm oder abwärts am Bein entlang. Doch Blütenmotive gibt es natürlich auch in vielen anderen Stilrichtungen, von filigran und naturgetreu bis hin zu grafisch stilisierten Mustern.

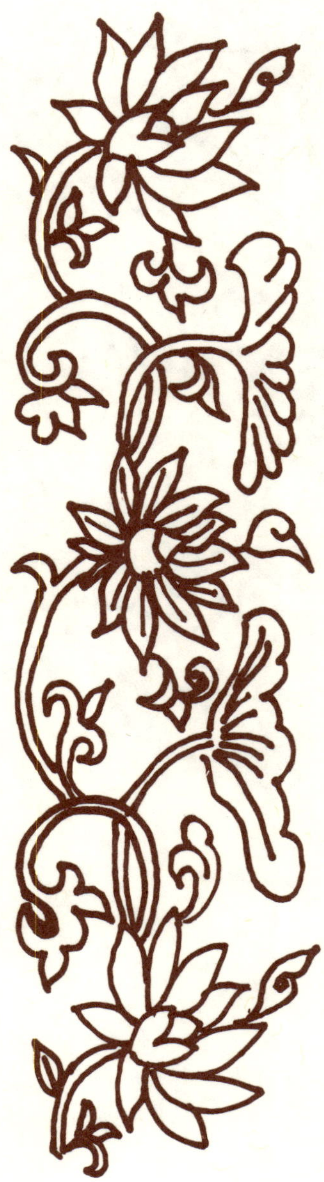

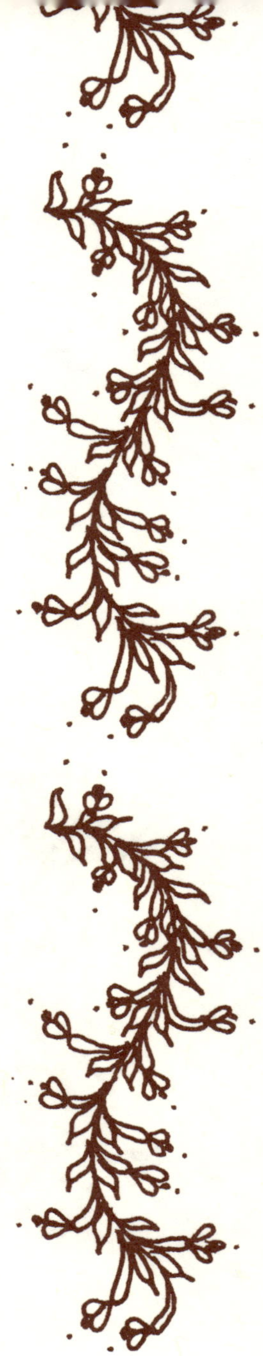

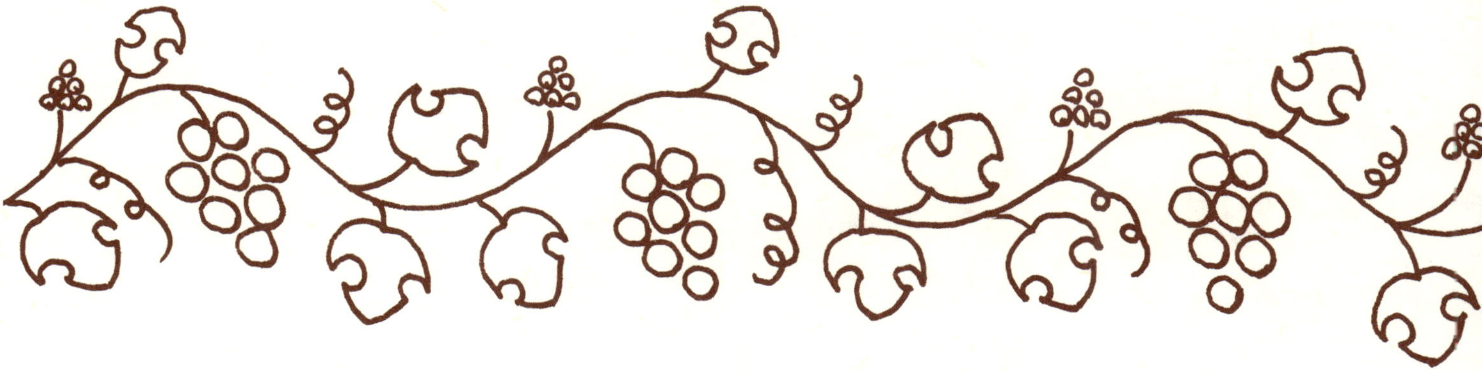

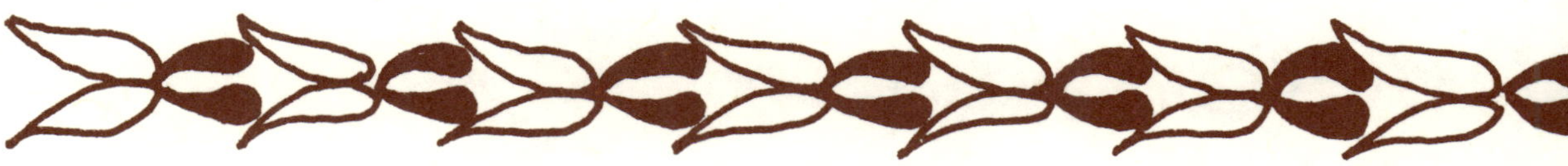

BLUMEN

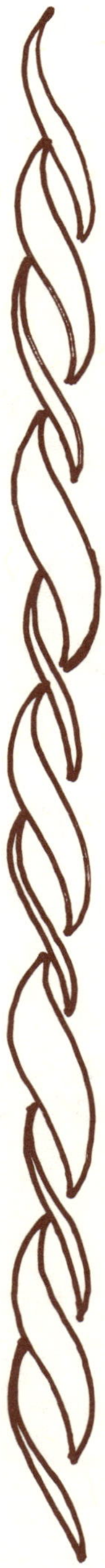

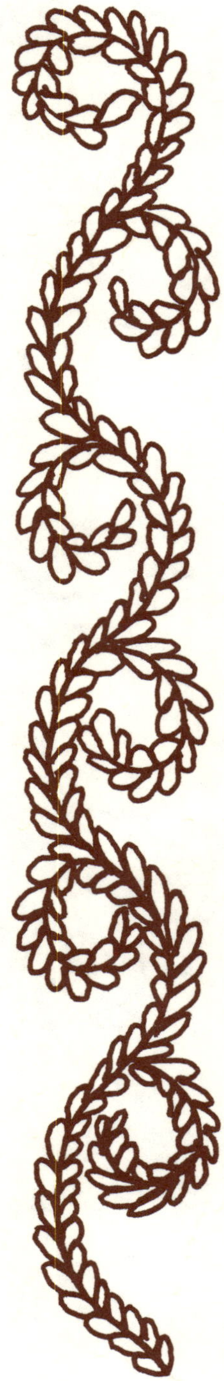

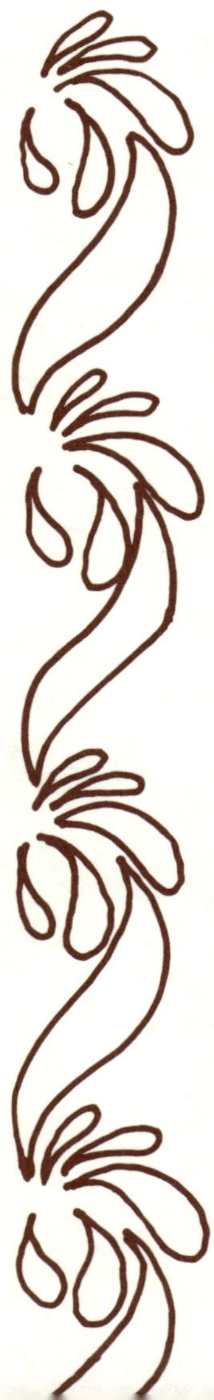

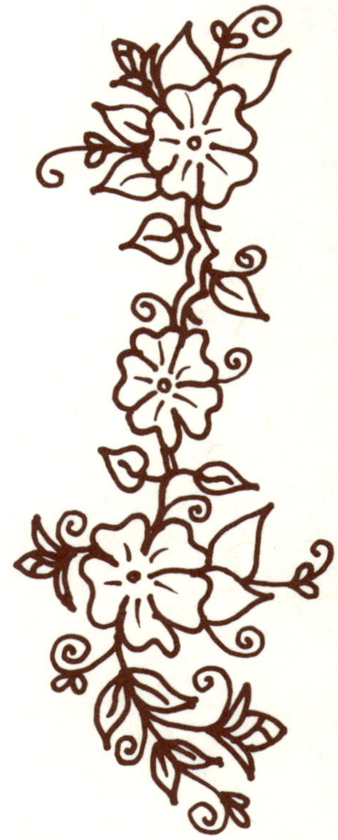

Filigrane Ornamente wie diese erinnern an den europäischen Jugendstil.

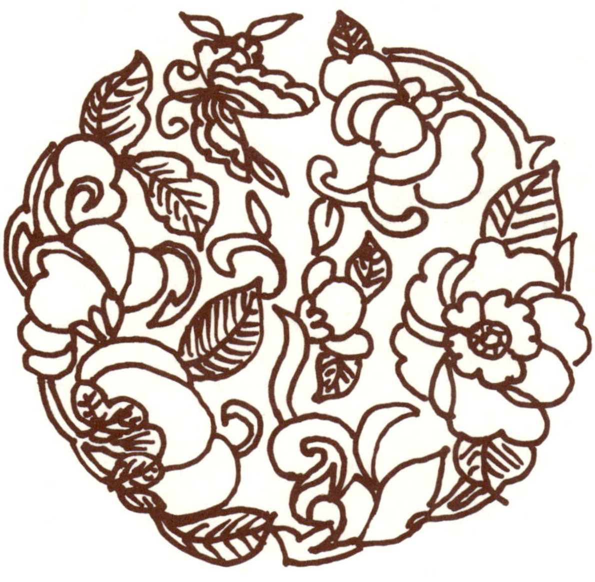

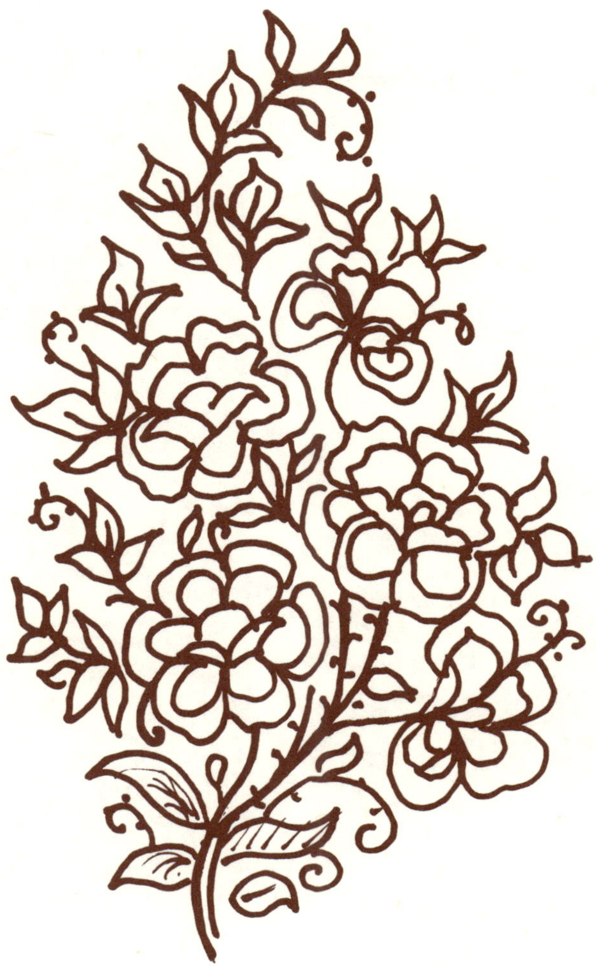

BLUMEN

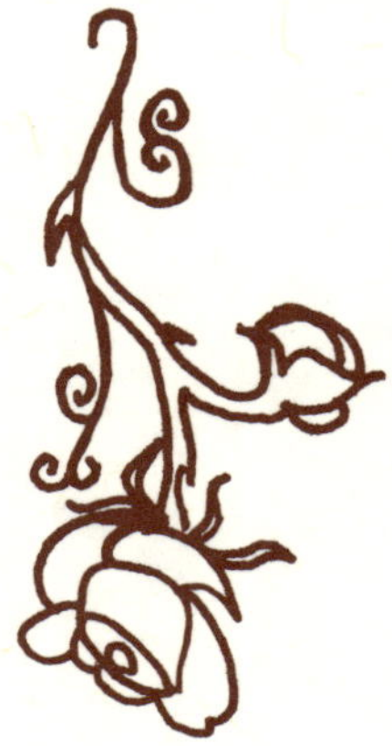

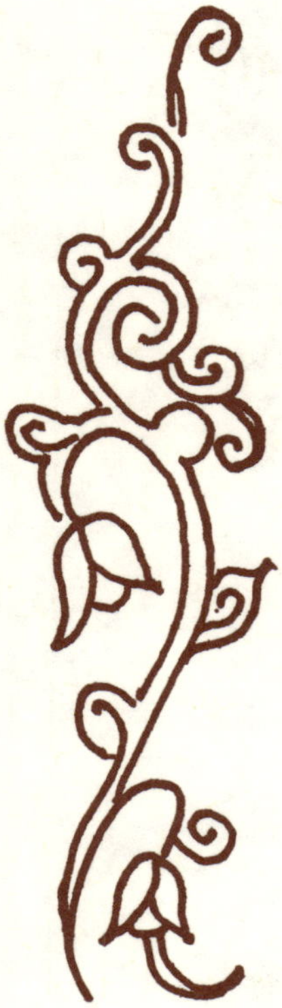

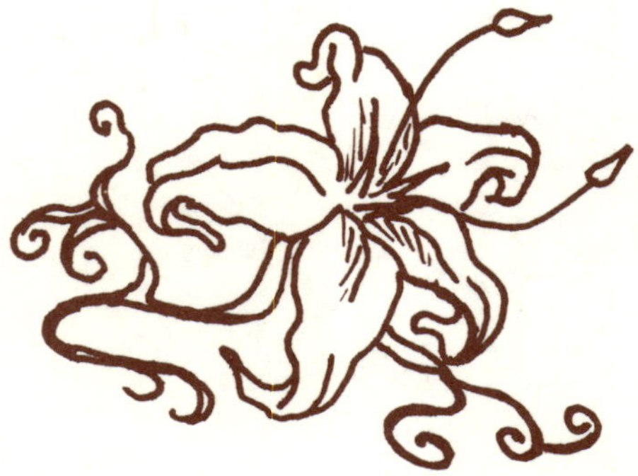

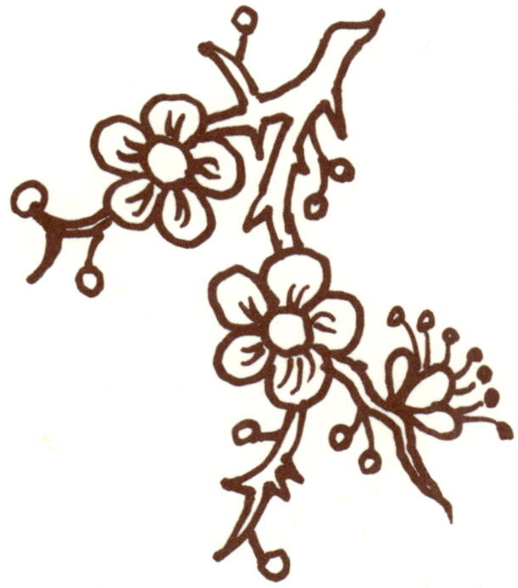

Naturgetreue Abbildungen

erfordern zwar etwas mehr Geduld und zeichnerisches Können, sind aber – natürlich – ein ganz besonderer Blickfang.

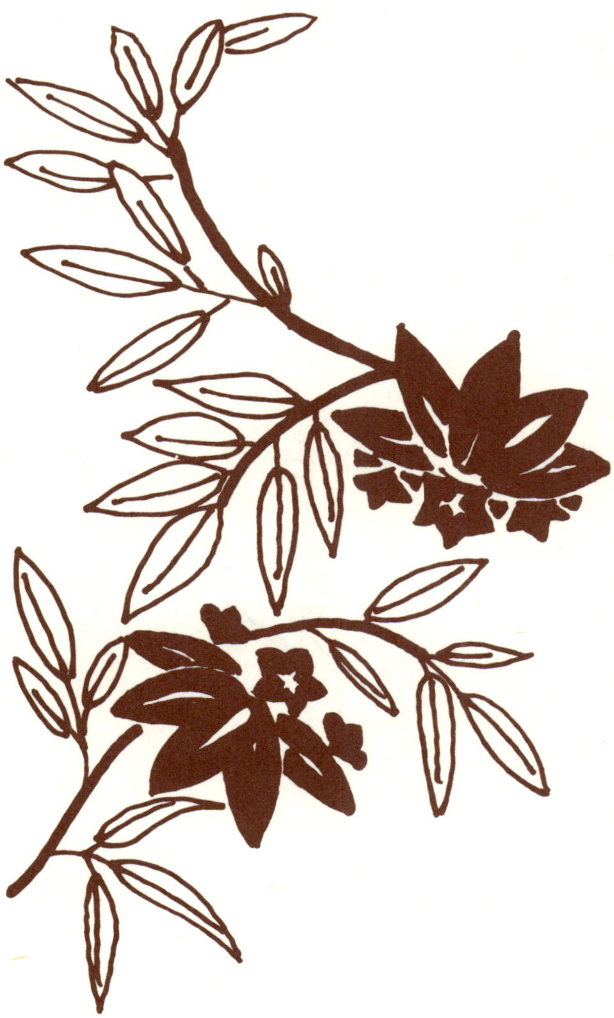

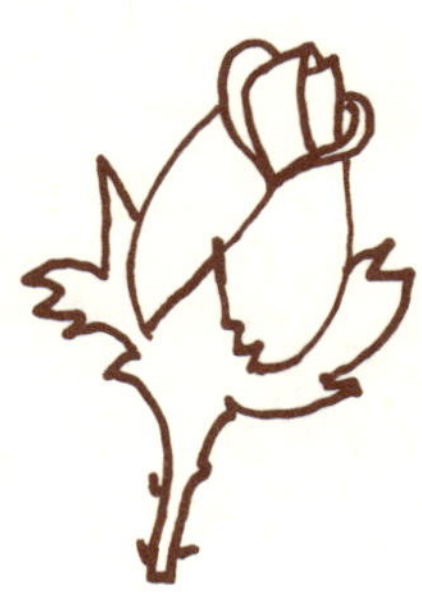

BLUMEN

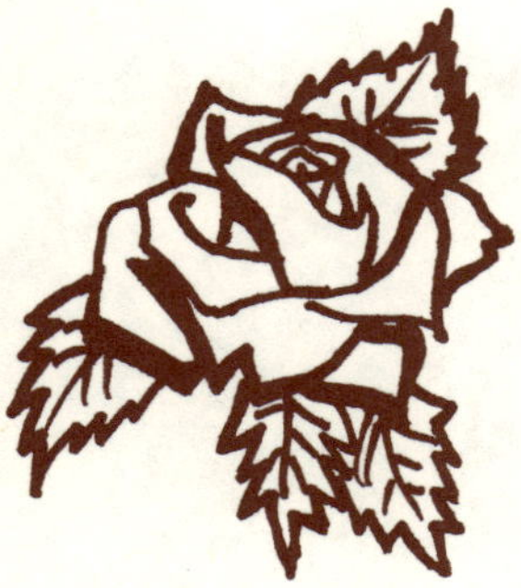

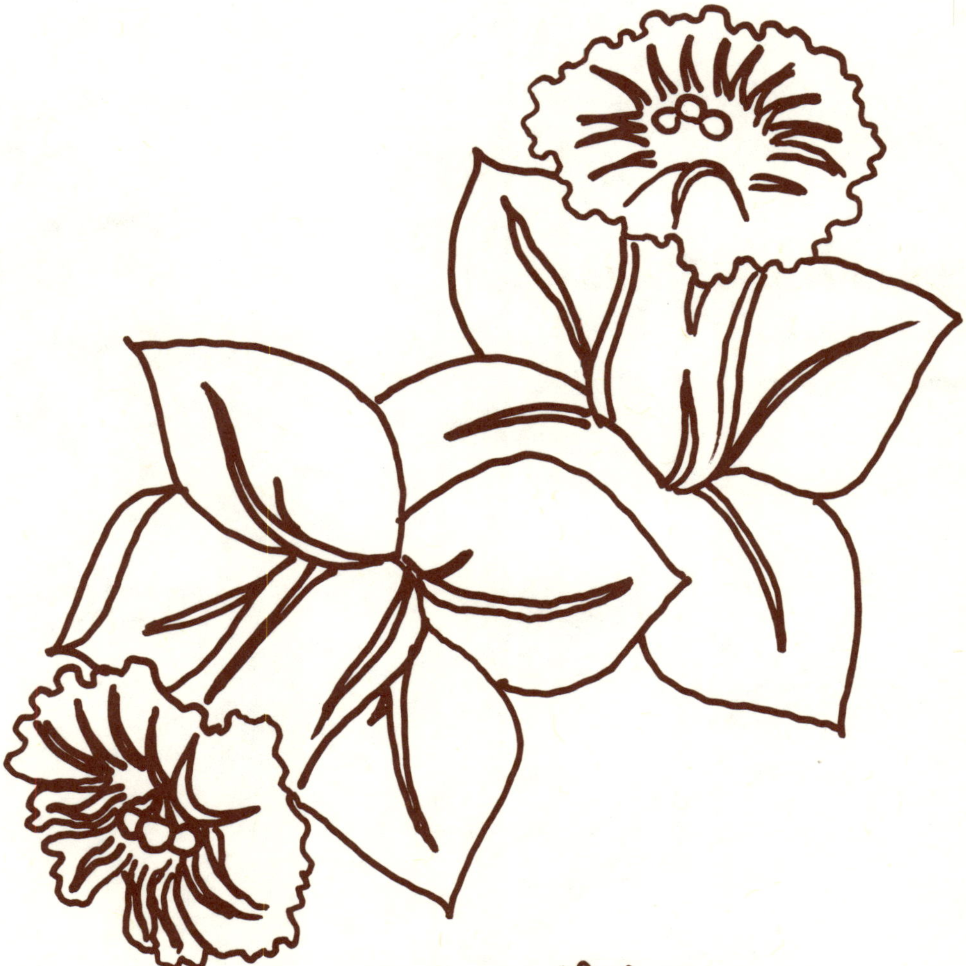

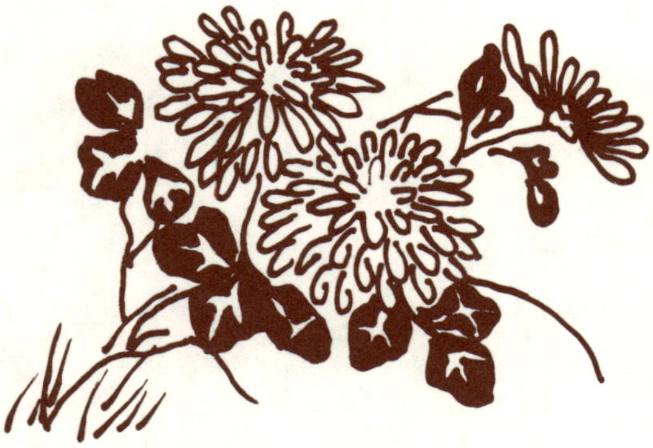

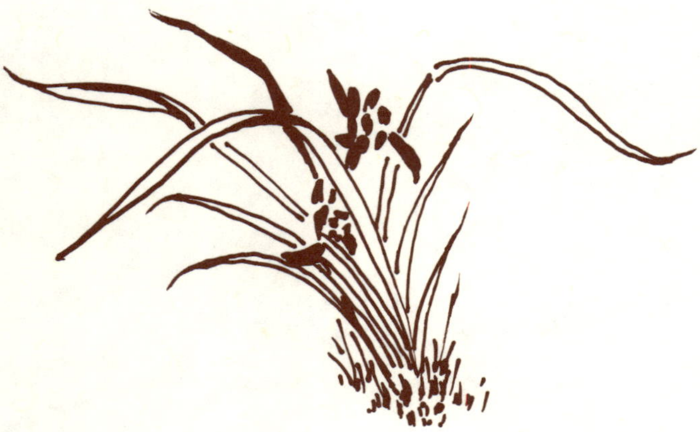

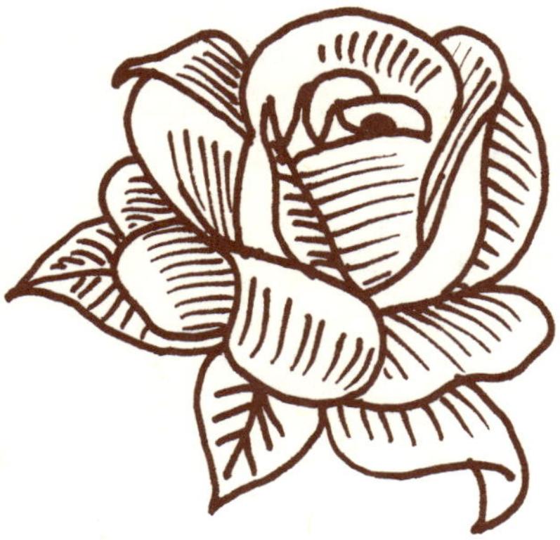

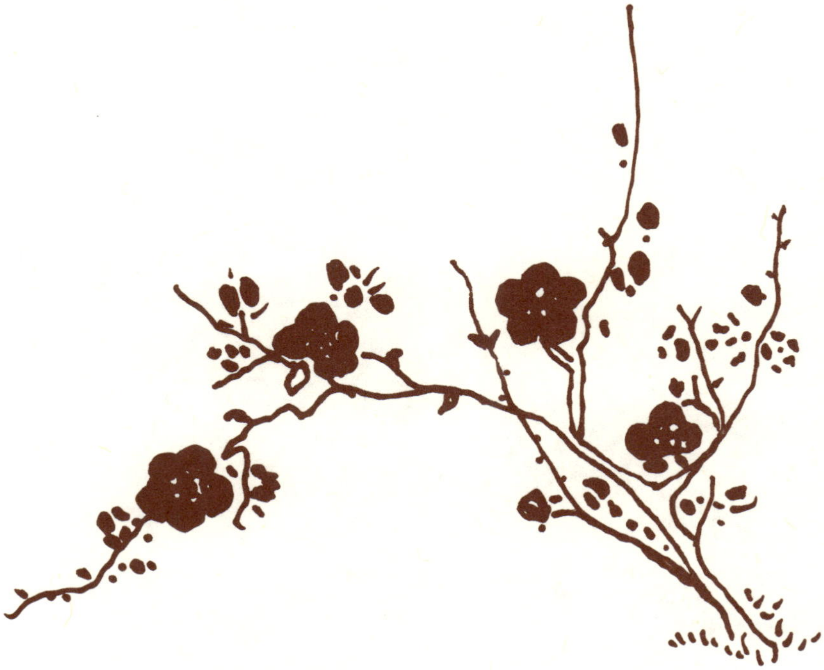

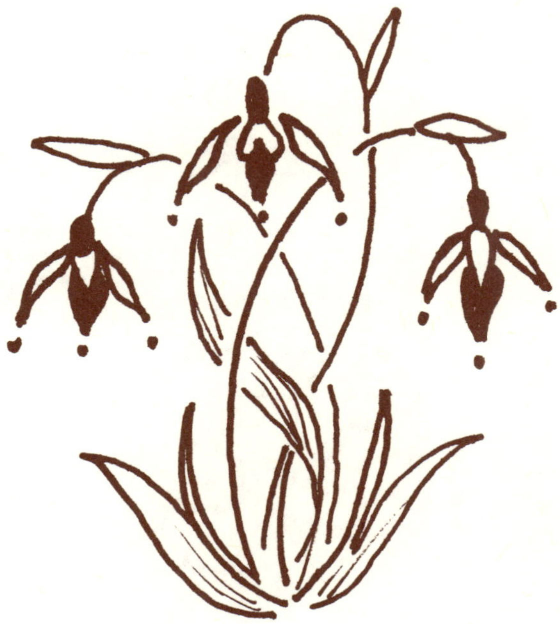

BLUMEN

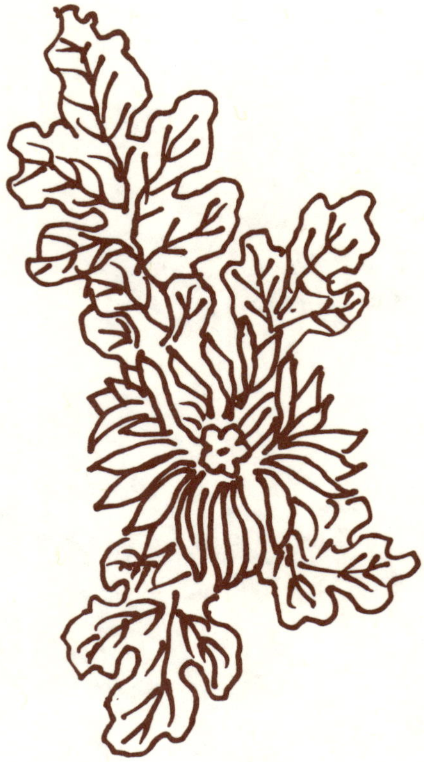

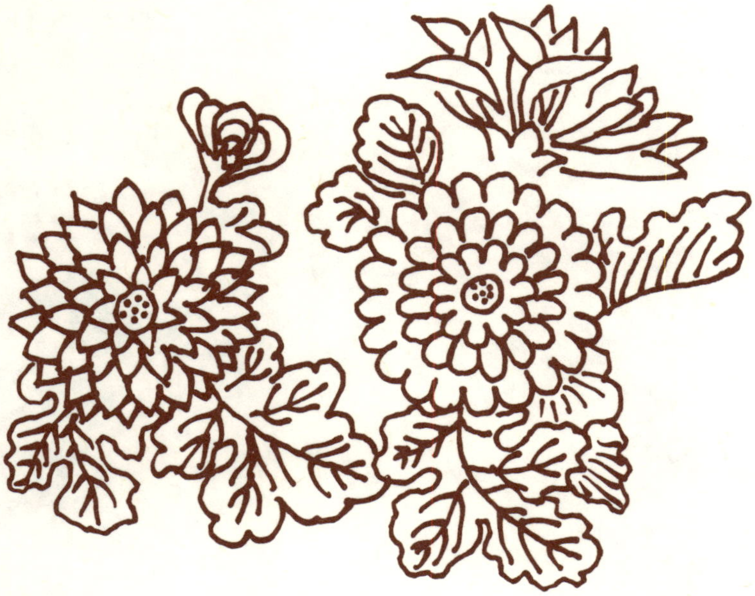

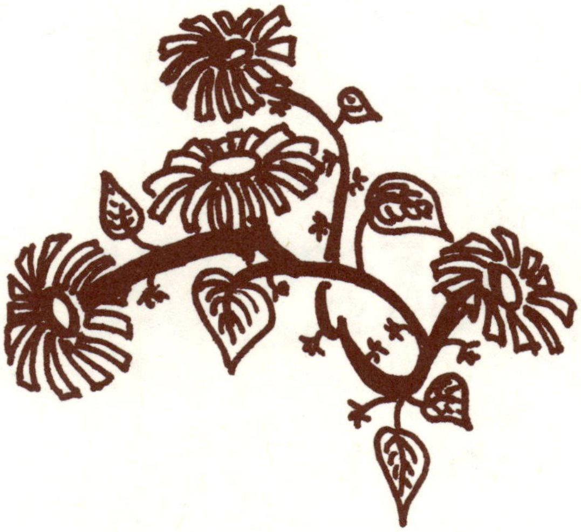

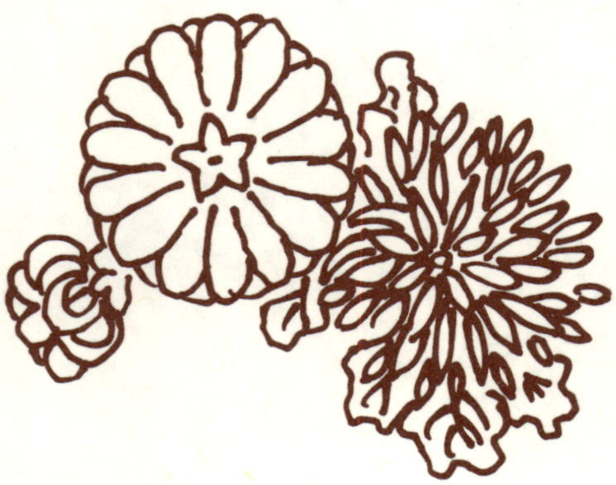

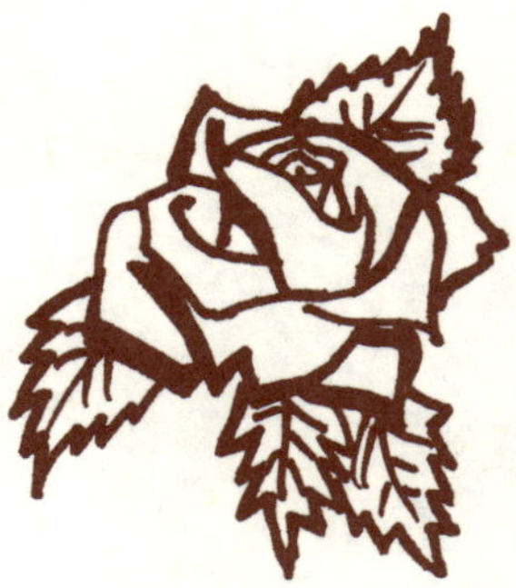

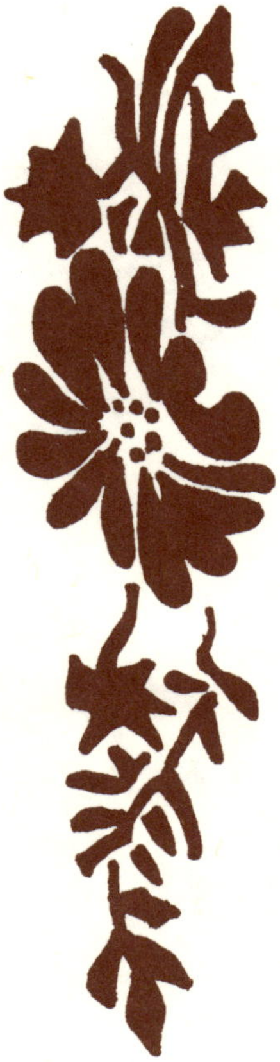

Klar und kontrastreich

wirken diese Pflanzenmotive als „Negativ“-Zeichnungen auf der Haut.

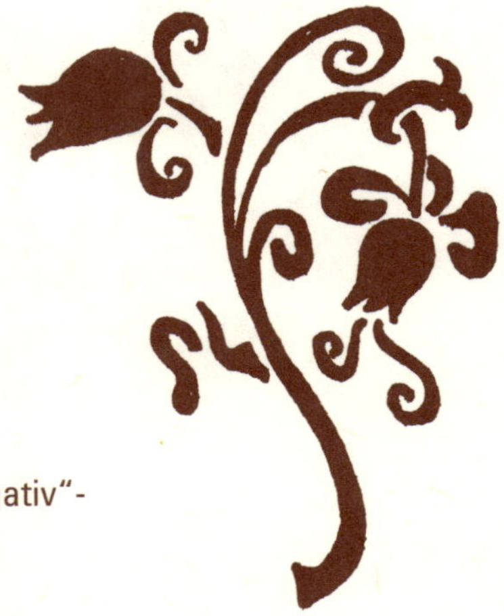

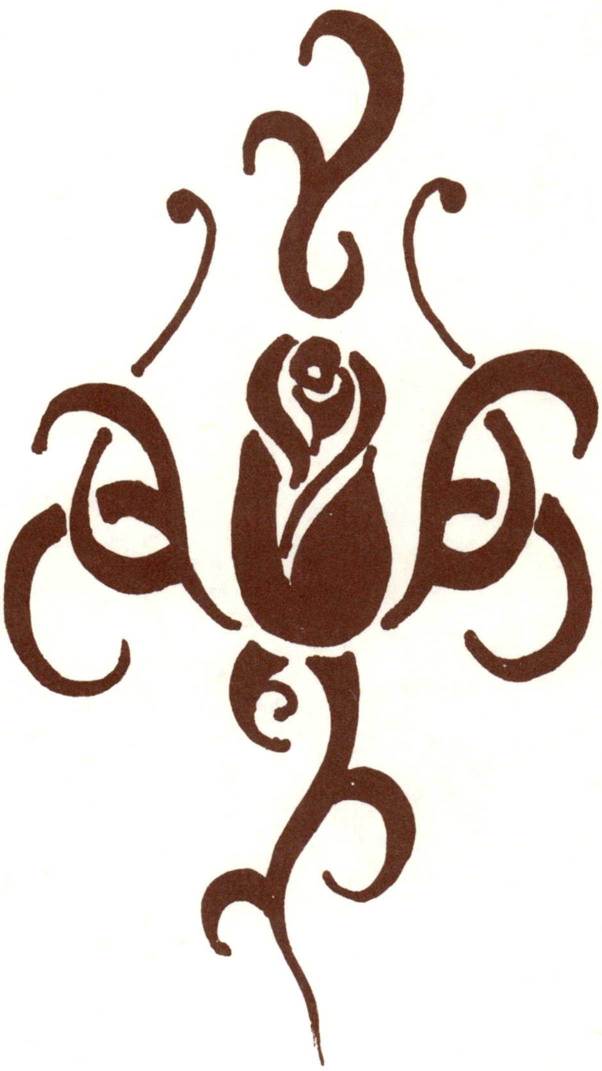

BLUMEN

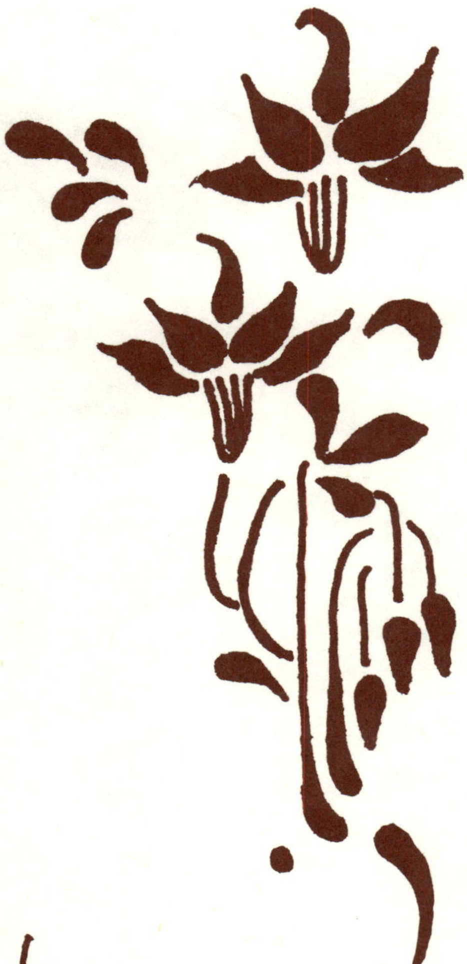

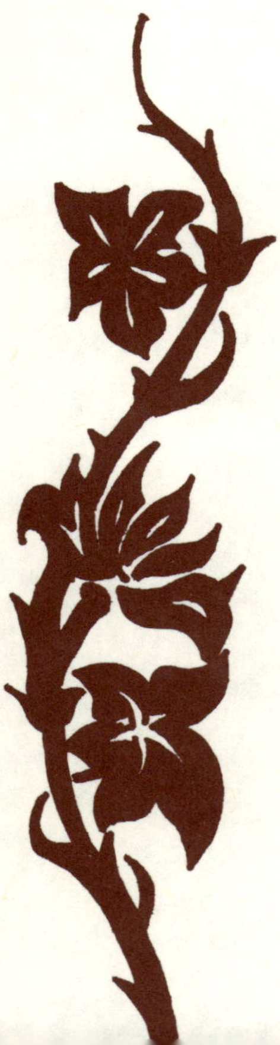

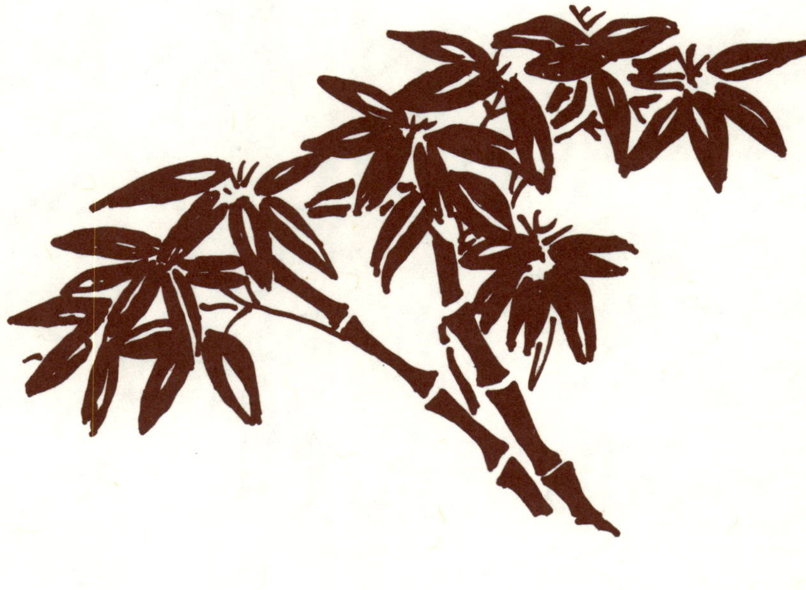

Reduzierte Rankenornamente

sind gut geeignet, um sehr schöne grafisch stilisierte Muster zu entwickeln, die bereits an Celtics (vgl. Seite 92) erinnern.

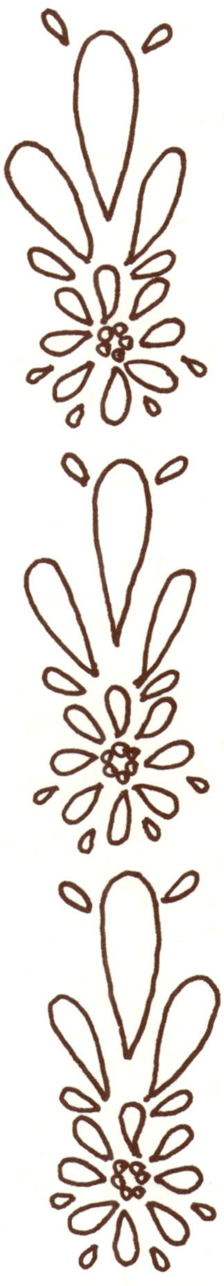

SCHRIFTZEICHEN VOLLER BEDEUTUNG

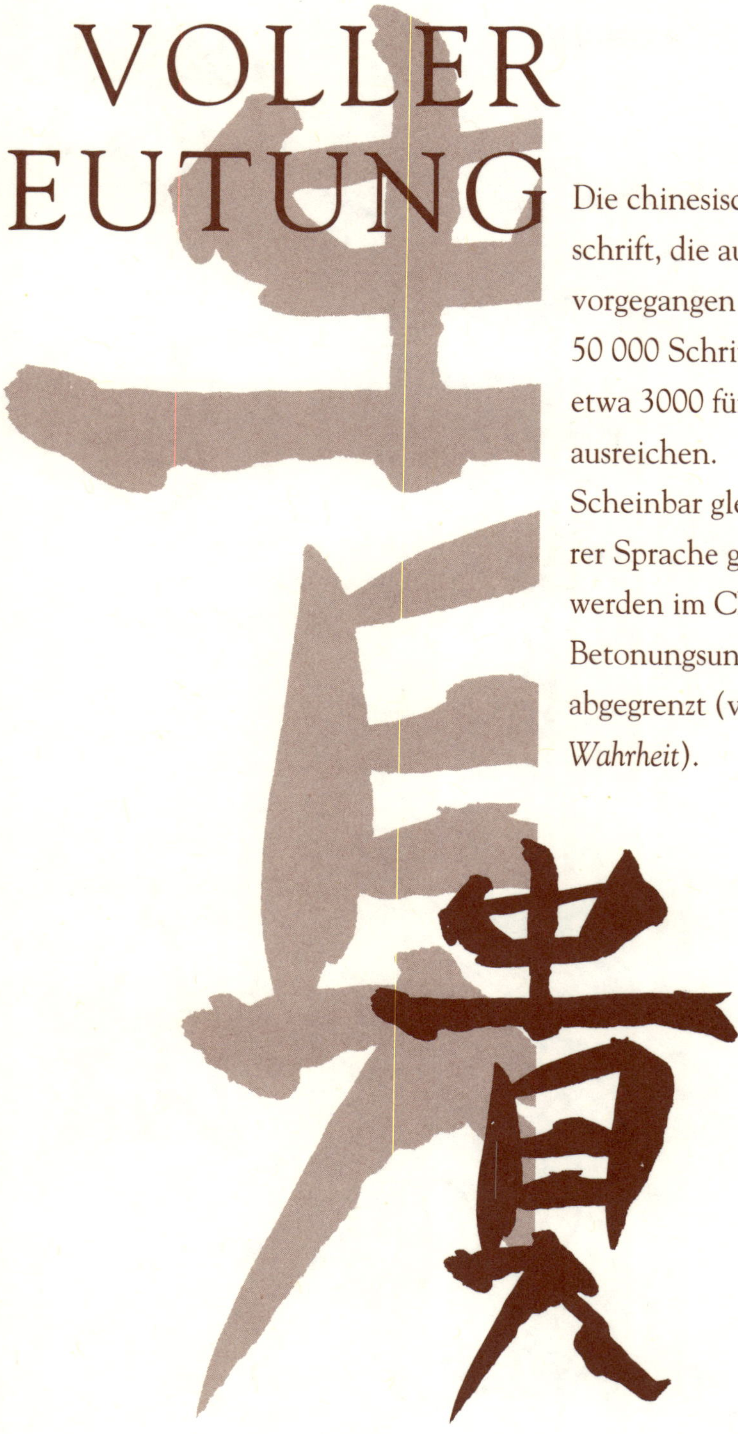

Die chinesische Schrift ist eine Wortschrift, die aus einer Bilderschrift hervorgegangen ist. Insgesamt gibt es rund 50 000 Schriftzeichen, von denen aber etwa 3000 für die gewöhnliche Lektüre ausreichen.

Scheinbar gleich klingende und in unserer Sprache gleich geschriebene Worte werden im Chinesischen durch feine Betonungsunterschiede voneinander abgegrenzt (vgl. *Fu* für *Glück* und auch *Wahrheit*).

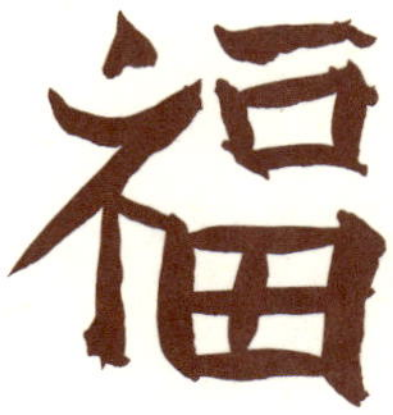

Glück Fu

Glück entsteht nicht aufgrund von Besitztum, sondern aufgrund von innerer Zufriedenheit. Glück kann sich für viele Menschen unterschiedlich darstellen. Zu Zeiten von Konfuzius (551 v. Chr.–479 n. Chr.) bedeutete es, leben zu können, ohne sich über seine nächste Mahlzeit den Kopf zerbrechen zu müssen (und das gilt für viele Menschen auch heute noch). Fu bedeutet wörtlich *gefüllter Magen.* Kombiniert mit den Schriftzeichen für *Füllen* und *Mond, Feld* und *Himmel* formt es sich zu diesem Symbol:

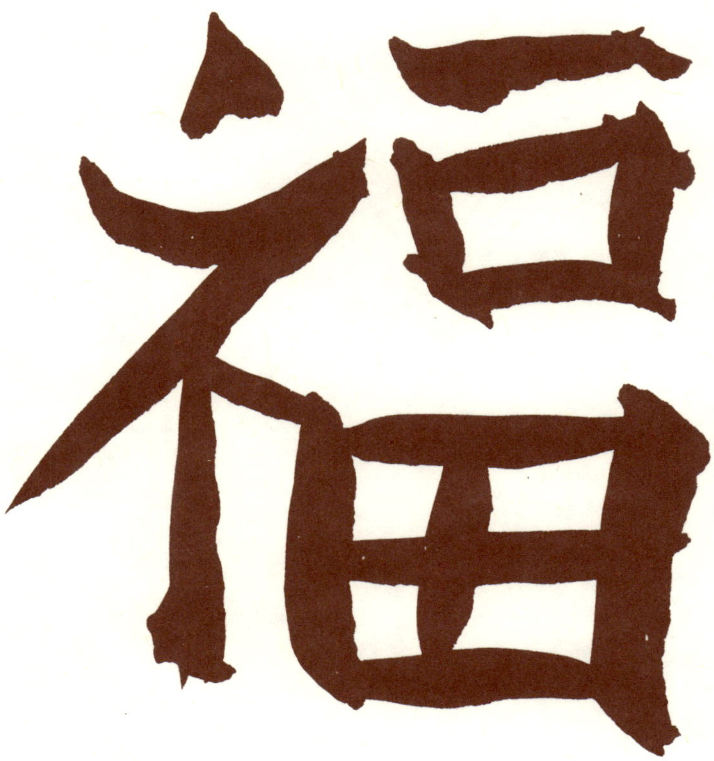

Nur mit einer Schale Reis
für meinen Hunger,
Wasser gegen meinen Durst und
ein Kissen für mein müdes Haupt
bin ich glücklich.

Konfuzius

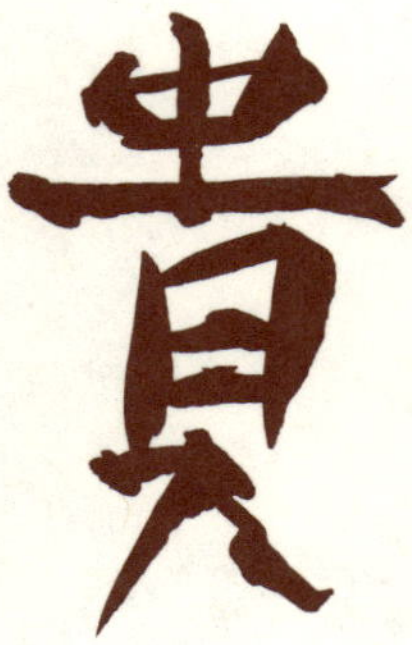

Ehre Kuei

Einst war es nur den Wohlhabenden vorbehalten, der Ehre würdig zu sein. Aus diesem Grund bedeutet dieses Zeichen auch *teuer*. Im Taoismus, der religiösen und philosophischen Lehre in China, wurde Ehre als eine innere Qualität angesehen, die als noch wertvoller galt als die feinste Jade.

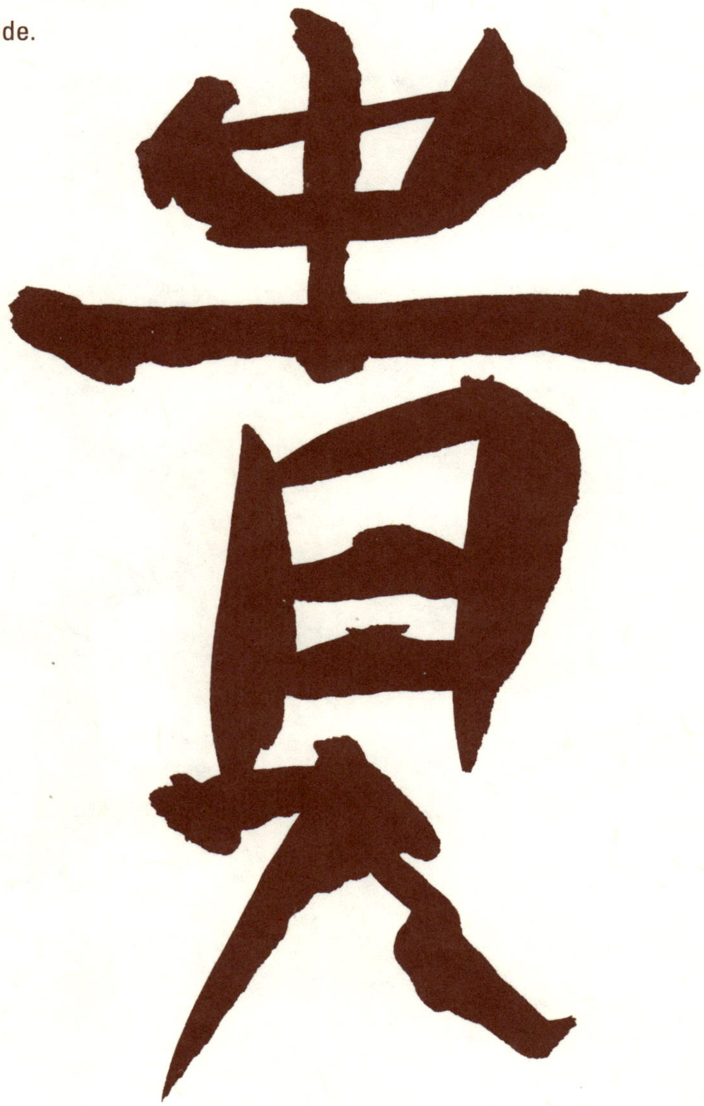

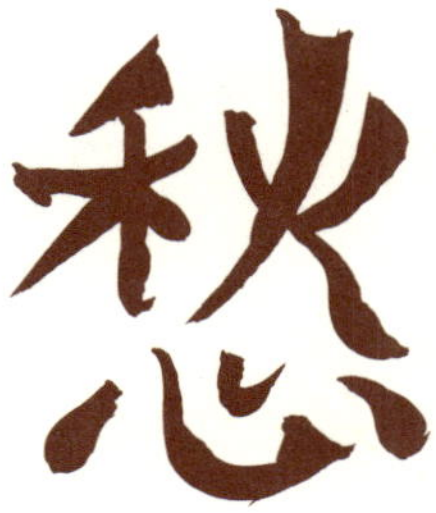

Melancholie Chiou

Dieses Symbol setzt sich zusammen aus den Zeichen für *Herz, Feuer* und *Ernte.* Das bittersüße Gefühl, das sich jedes Jahr im Herbst einstellt, wird seit Jahrhunderten in der chinesischen Malerei, in Dichtung und Gesang ausgedrückt und versinnbildlicht den ewigen Kreislauf von Leben und Tod.

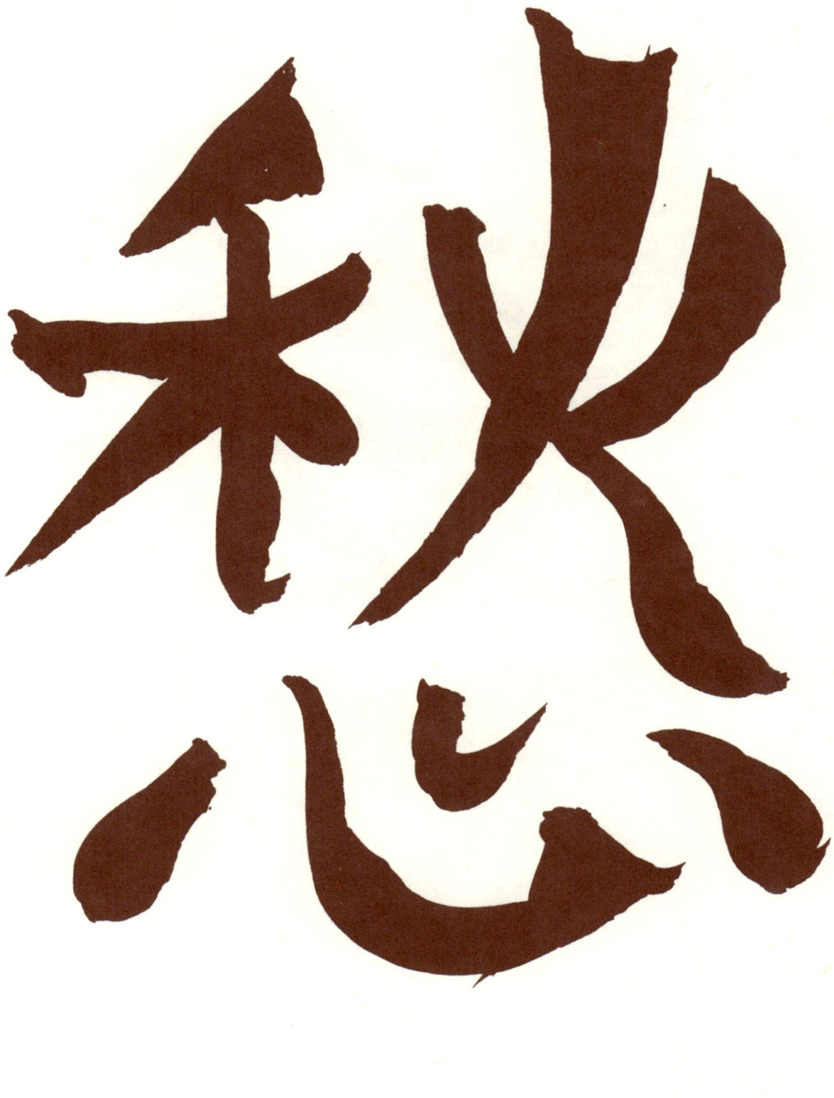

Wahrheit Fu

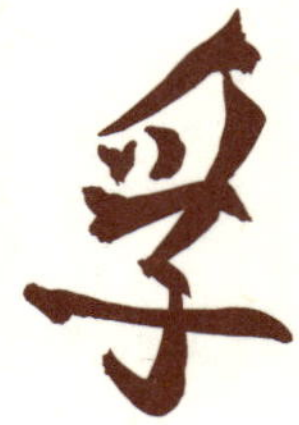

Dieses Zeichen setzt sich zusammen aus *Jugend* und *Vogel*: So wie ein Vogel ein Ei ausbrütet, das den Anfang allen Lebens symbolisiert, ist dies die grundlegende Wahrheit, die die universelle Kraft des Lebens darstellt.

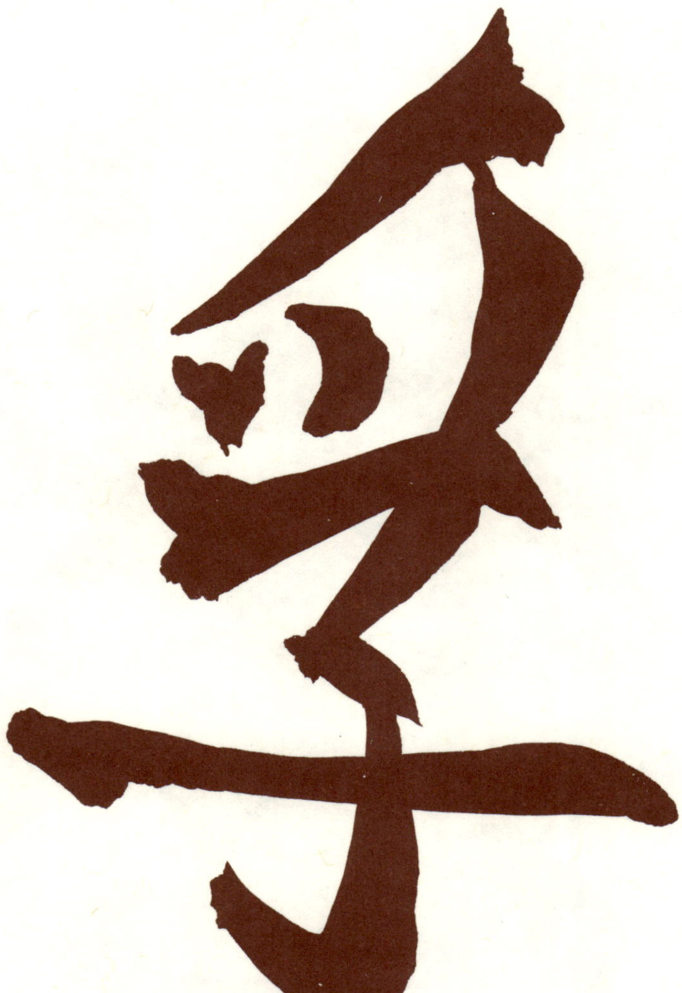

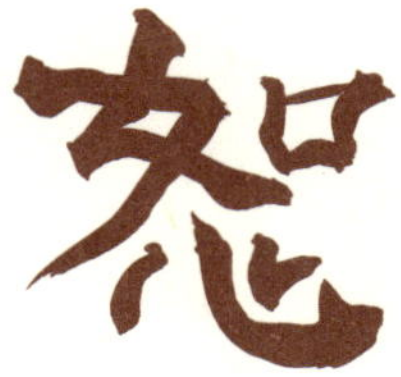

Verzeihen Shu

Verzeihen ist etwas, das von Herzen kommt, sagen die Chinesen, und es verbindet die Zeichen *Herz* und *Gleichheit*.

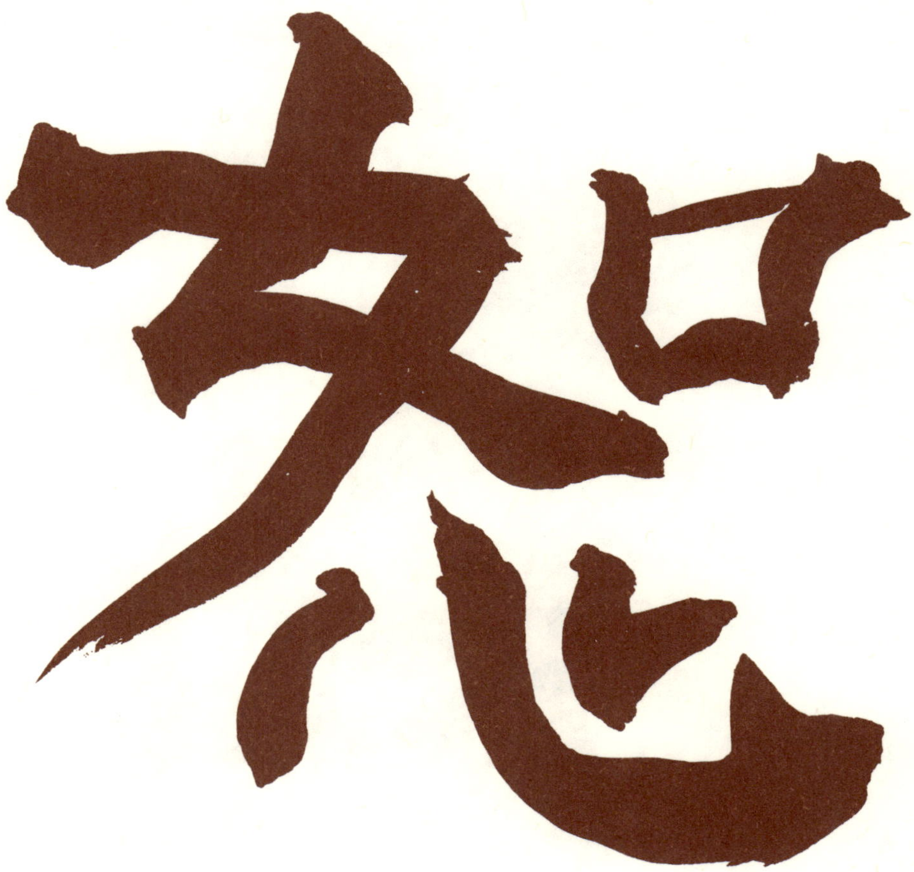

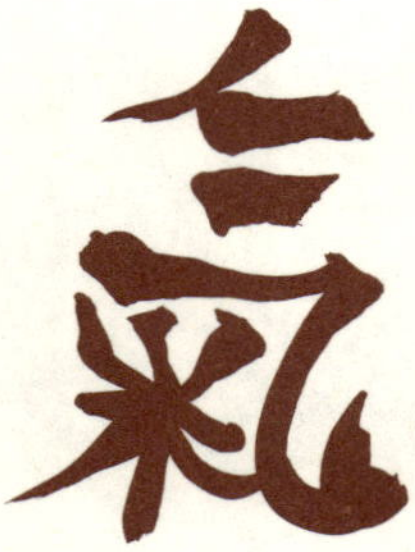

Energie Chi

Chi steht für spirituelle Energie.

Energie und Atem erhalten uns am Leben.

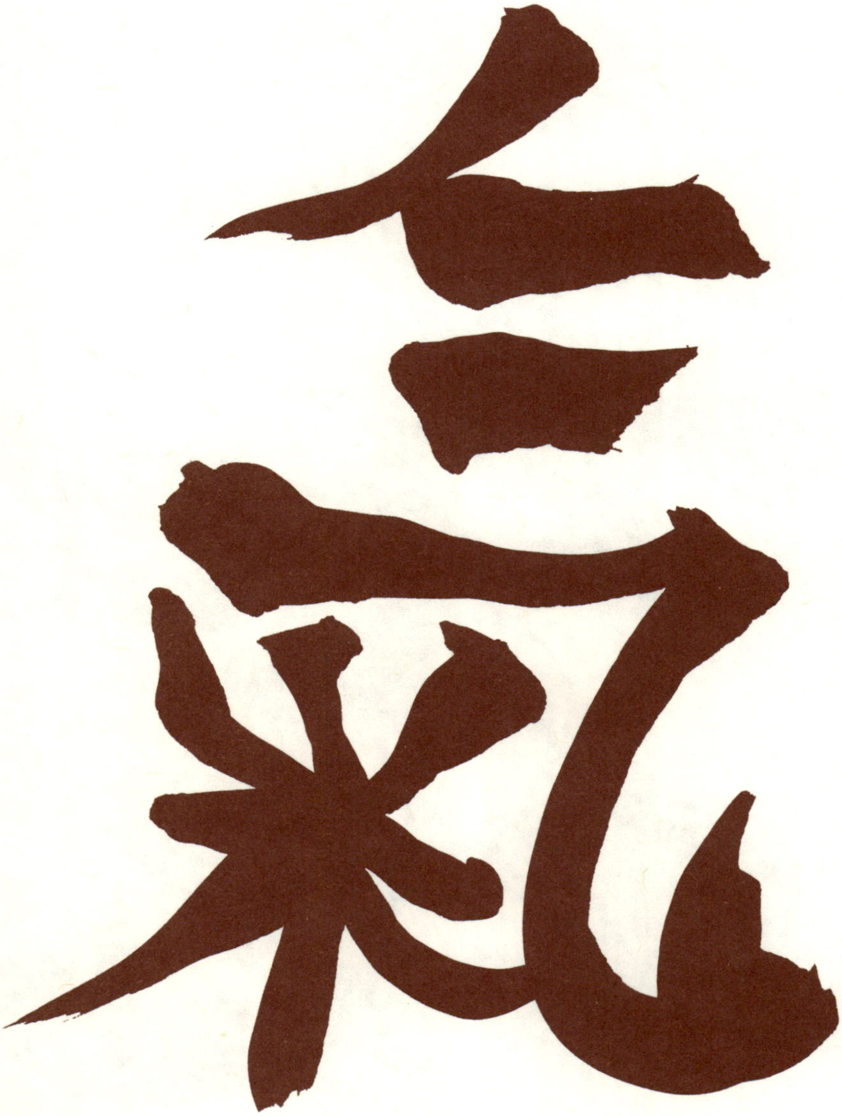

Ewigkeit Yung

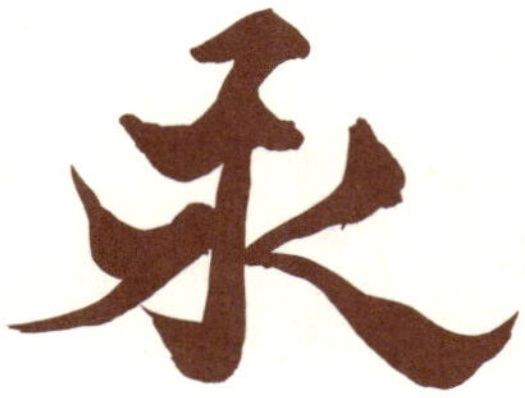

So wie die Sonne immer wieder auf- und untergeht oder der Mond jeden Abend über den Himmel zieht, so wird das Wasser immer Ebbe und Flut unterworfen sein, es wird von den Bergen fließen, in die Ozeane münden und erneut als Regen vom Himmel fallen. Die Ewigkeit, geformt aus den Zeichen für *Wasser, Schaum* und *Wellen* beinhaltet die sieben fundamentalen Linien in der chinesischen Kalligraphie, aus denen sämtliche Charaktere in der chinesischen Sprache gezeichnet werden können.

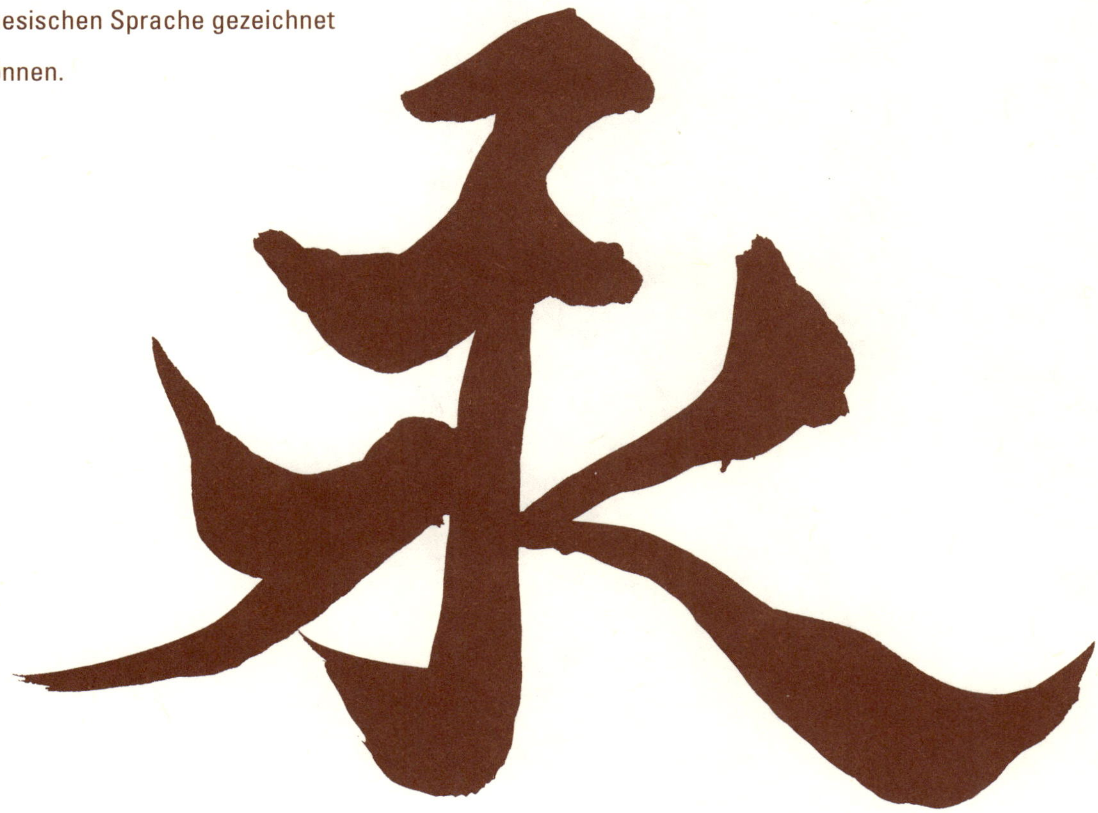

CHINA

明 Erleuchtung Ming

Eine der herausragendsten Dynastien des alten China war die Ming-Dynastie zwischen 1368 und 1644. Dieses Symbol beinhaltet die Zeichen für *Sonne*, Jihi, und *Mond*, Yueh, denn beide erleuchten sie unsere Erde.

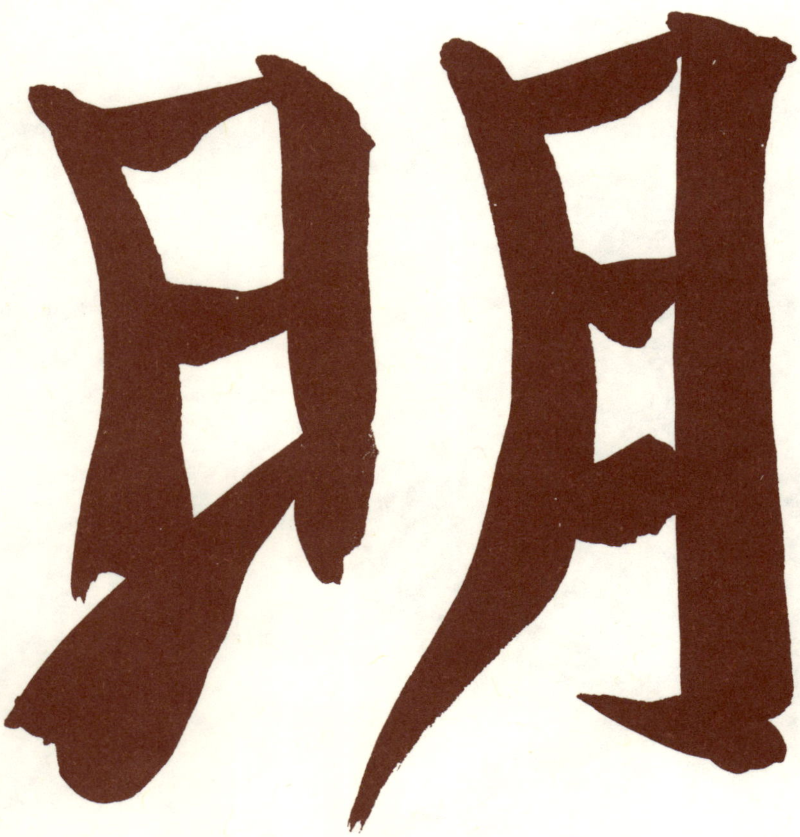

清

Klarheit Ch'ing

Ch'ing bedeutet *klar* und *rein*. Die beiden Begriffe vereinigen sich hier zu diesem Symbol, bestehend aus den Zeichen für *Wasser* und *Natur*. So wie klares Wasser die Reinheit der Natur widerspiegelt, so scheint unser Charakter rein und klar, wenn unsere Energie rein ist wie eine Perle im klaren Wasser. Die letzte der bedeutenden Dynastien in China hieß Ch'ing (Manschu, 1644-1912).

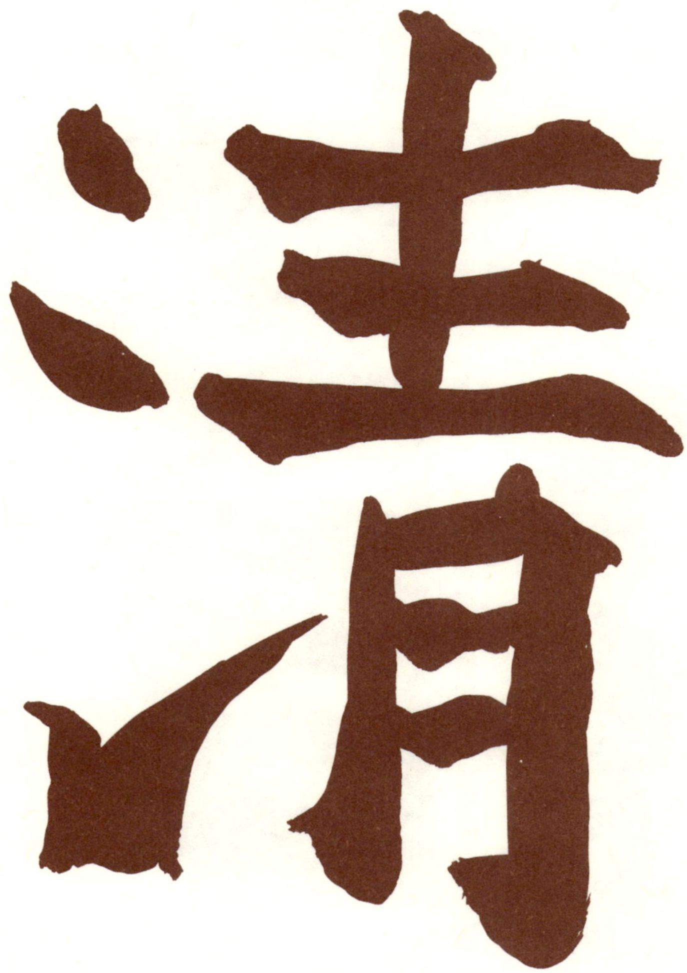

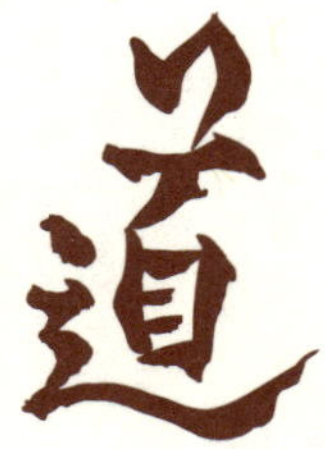

Der Weg Tao

Dieses Bild setzt sich aus den folgenden Zeichen zusammen: *Fuß* (jemandem folgen) und *Anführer*. Konfuzius interpretierte dieses Zeichen als die Art und Weise, wie wir bestimmte Dinge tun. Lao-tzu (Lao-tse) wiederum bezeichnete Tao als das Gesetz, die Wahrheit und das Universum, aus dessen Einzigartigkeit alle Dinge entspringen.

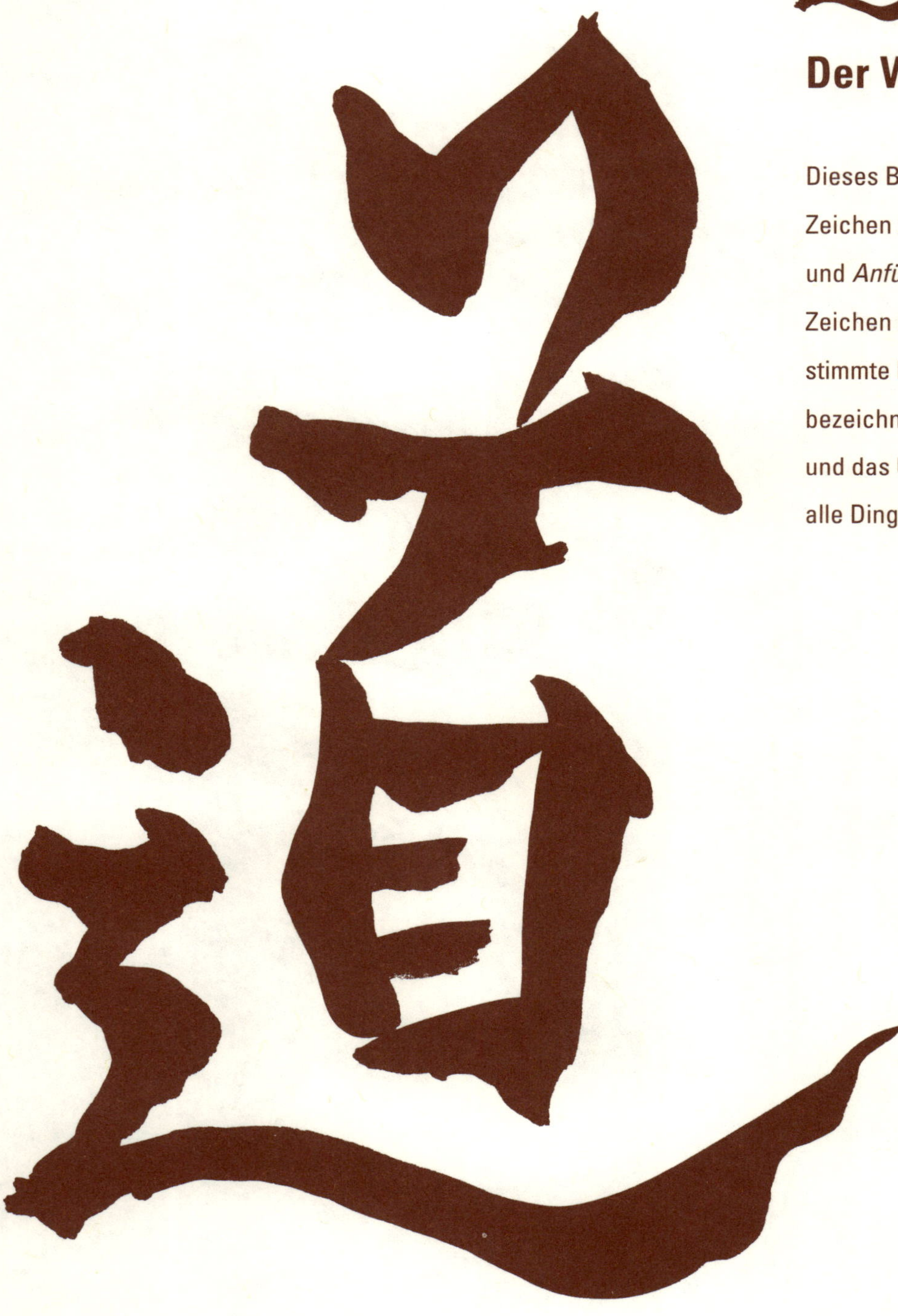

協 **Einheit** Hsieh

Das Zeichen für *Einheit* spiegelt die einheitliche Ordnung des Universums wider. Es setzt sich zusammen aus *10*, womit die Vollständigkeit aller 10 Finger und die *Kraft* gemeint sind.

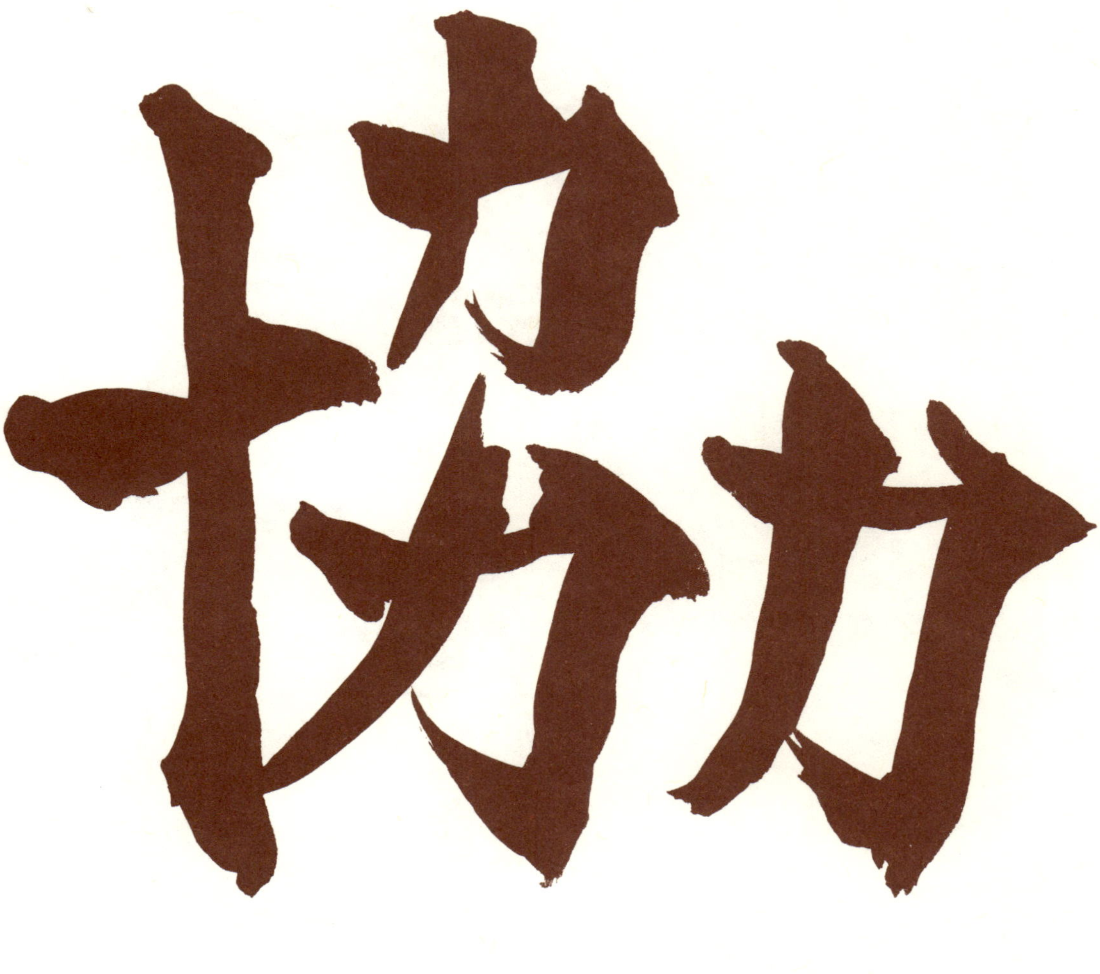

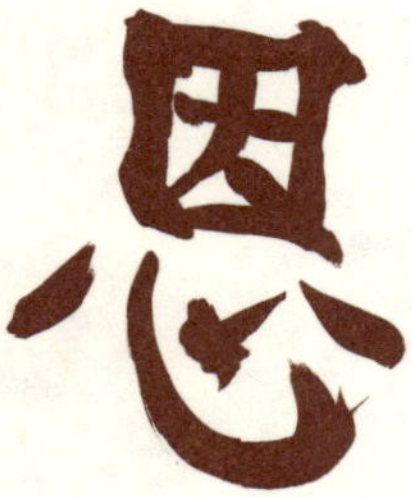

Anmut En

Hier steht das *Herz* für den Gedanken und die Moral des Charakters. Es wird kombiniert mit dem *Geist* und dem Zeichen für Ying, das *sich auf etwas verlassen* bedeutet. Die Person, die sich auf ihr Herz verläßt, erwirbt Anmut.

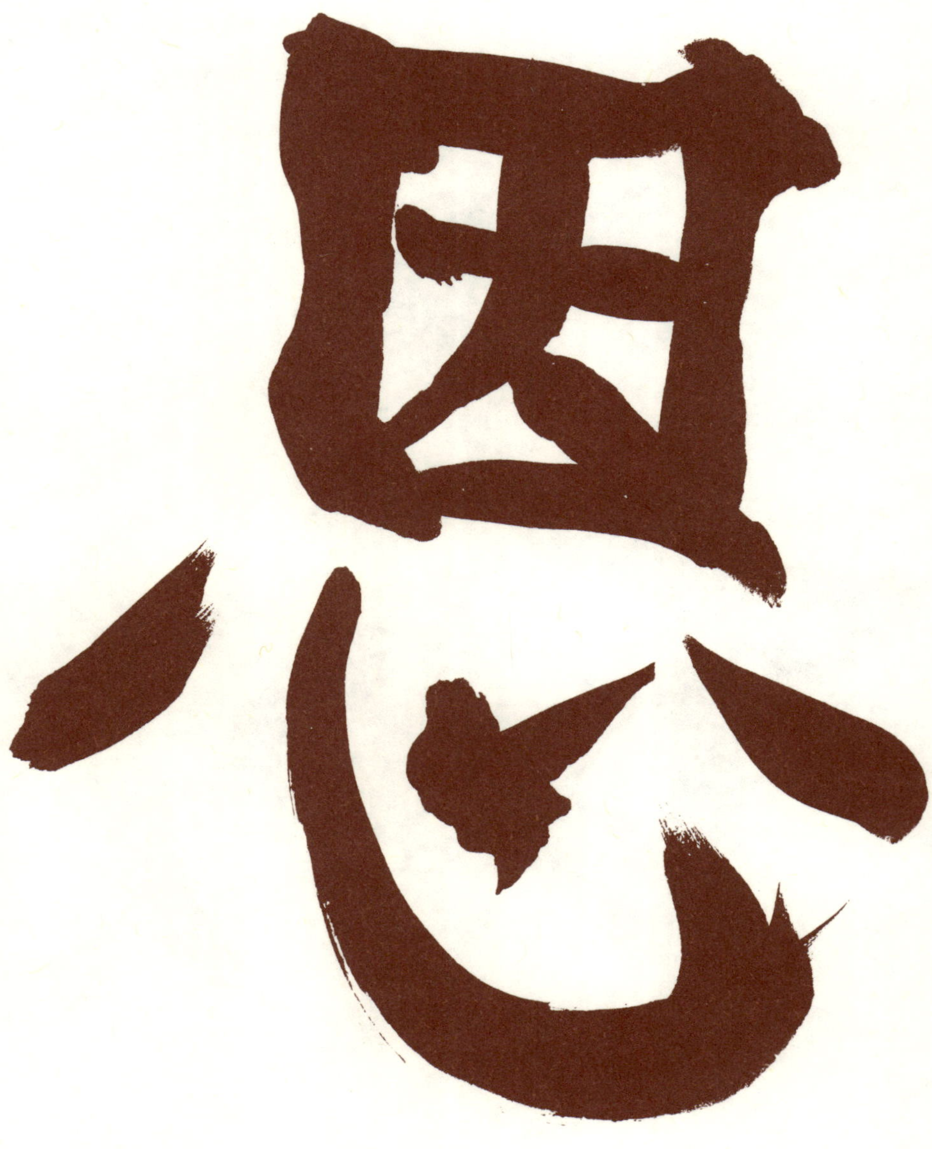

神

Geist Shen

In der chinesischen Mythologie bedeutet die Geburt das *Eintreten in die Welt des Lichts*. Zu diesem Zeitpunkt empfangen wir unsere Seele, die nach unserem Tod in den Himmel aufsteigt und dort zu einem Shen wird. Der *Geist* wird kombiniert aus den Symbolen für *das Göttliche* und *Zeichen*.

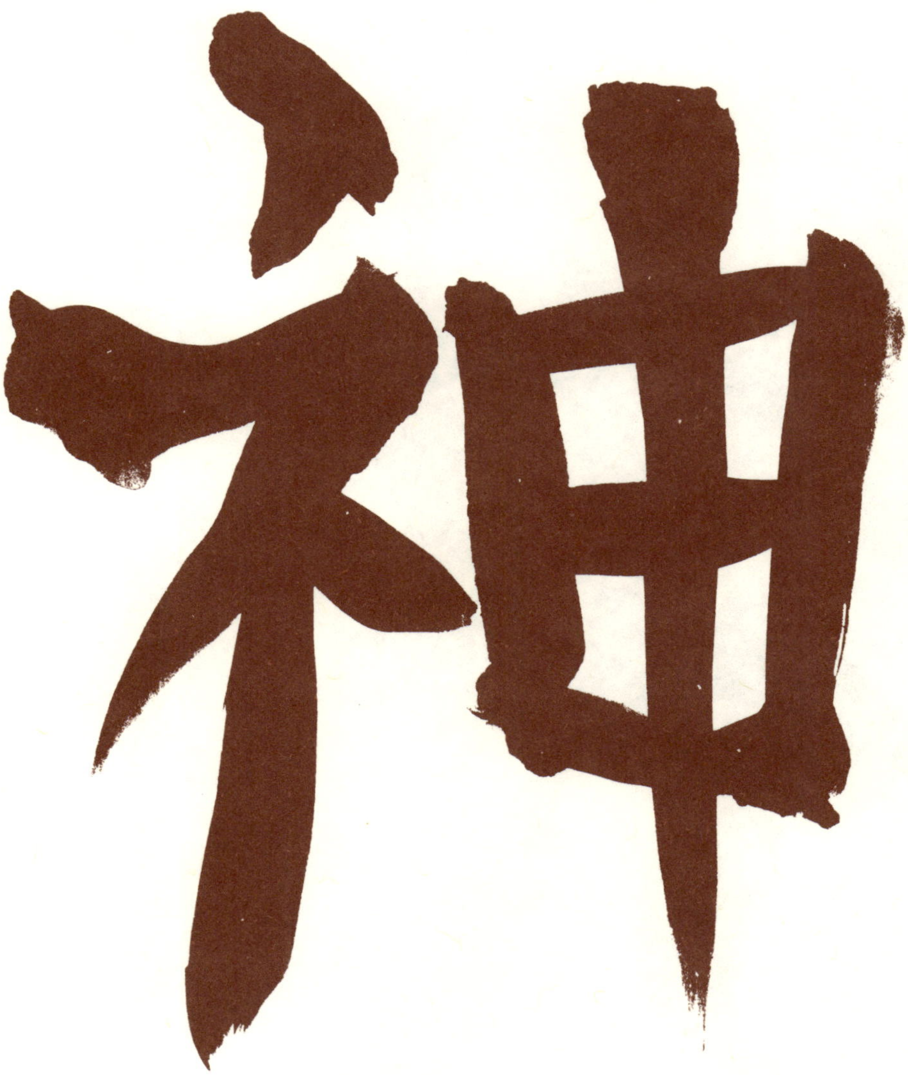

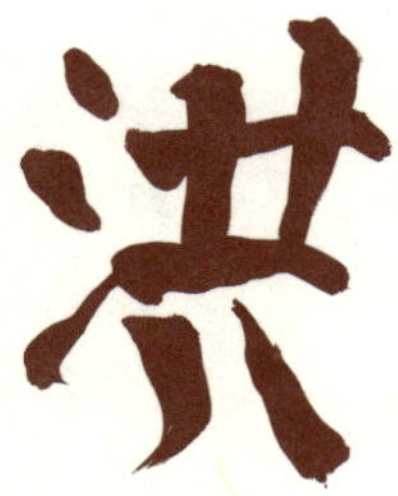

Tiefe **Hung**

Der Charakter des Zeichens für *Tiefgründigkeit des Gedankens und Verstehens* symbolisiert hier in Kombination mit dem Zeichen für *Wasser* die Tiefe des Wassers. Menschen, die sich um Tiefgründigkeit bemühen, nehmen nicht nur die Oberfläche wahr, sondern streben danach, das Universum in seiner ganzen Wahrhaftigkeit zu ergründen.

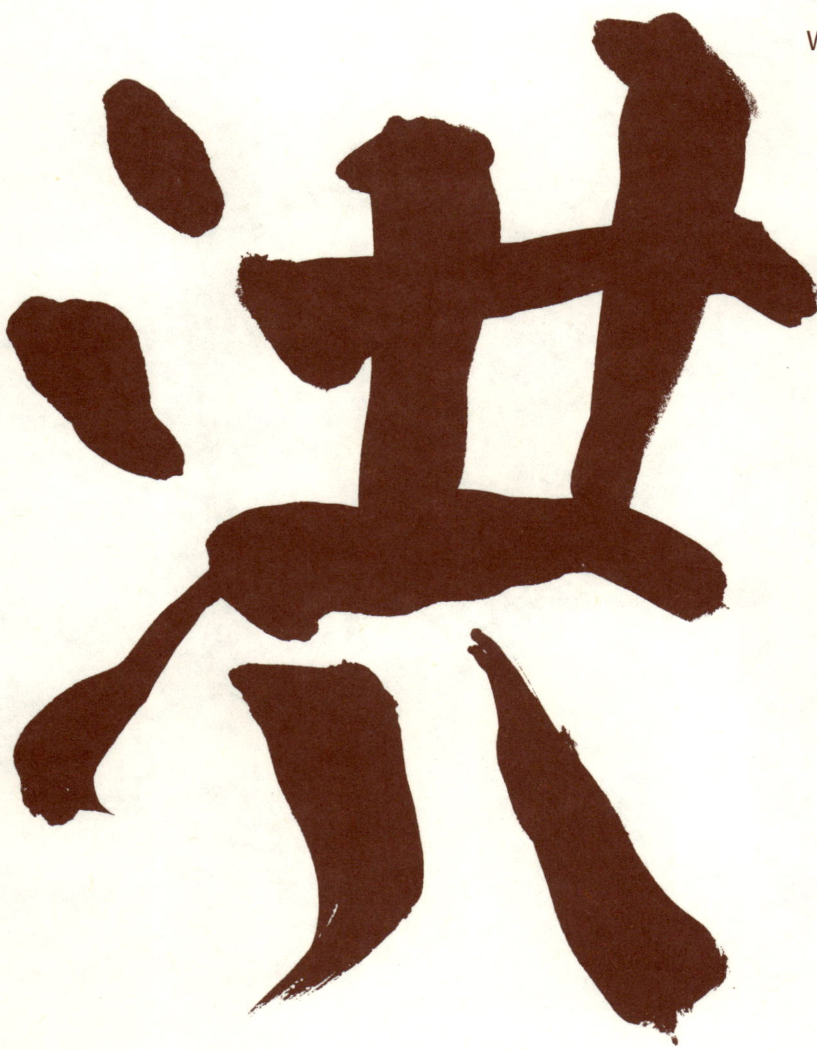

Güte J'n 仁

Die Güte wird als die erste der vier Tugenden betrachtet und setzt sich aus *Mensch* und zwei Linien, einer *2,* zusammen. Güte ist die Freundlichkeit, die ein Wesen einem anderen zuteil werden läßt.

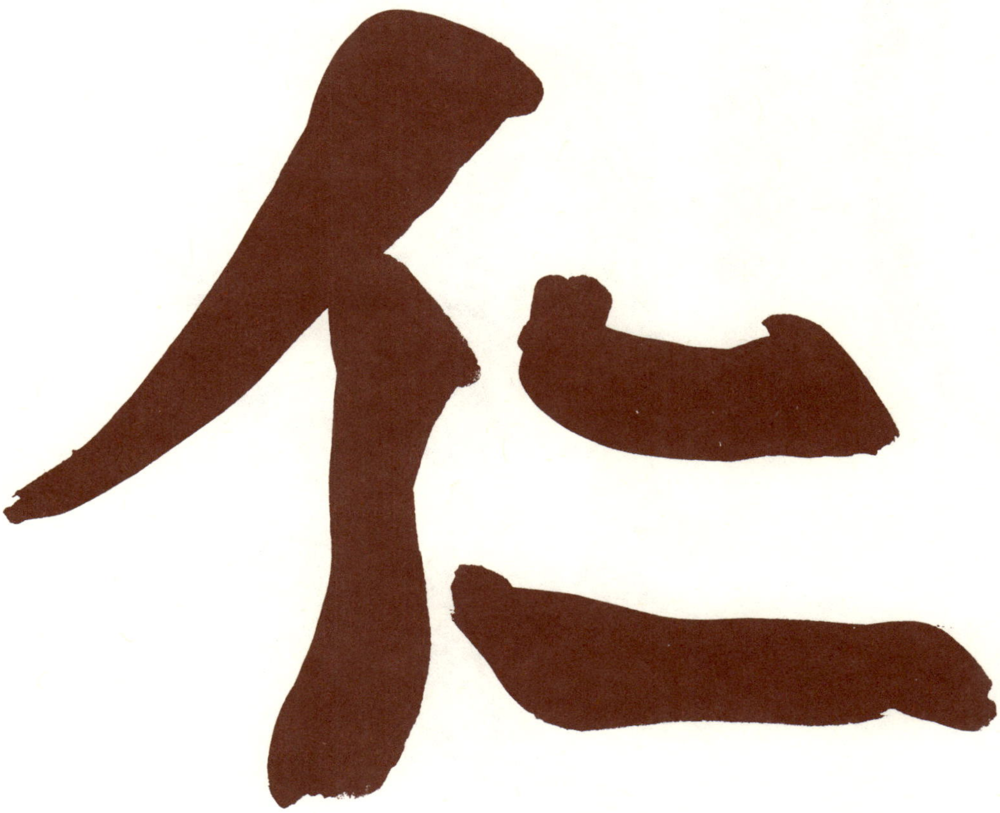

Sanftheit Shun

順

Ein *Blatt* in der *Strömung* – uralte Symbole, die oft in historischen Zeichnungen verwandt wurden und für Sanftheit, Ruhe und Leichtigkeit stehen. Das Blatt schwimmt im Wasser und läßt sich von der Strömung ohne Widerstand seinem Schicksal entgegentreiben.

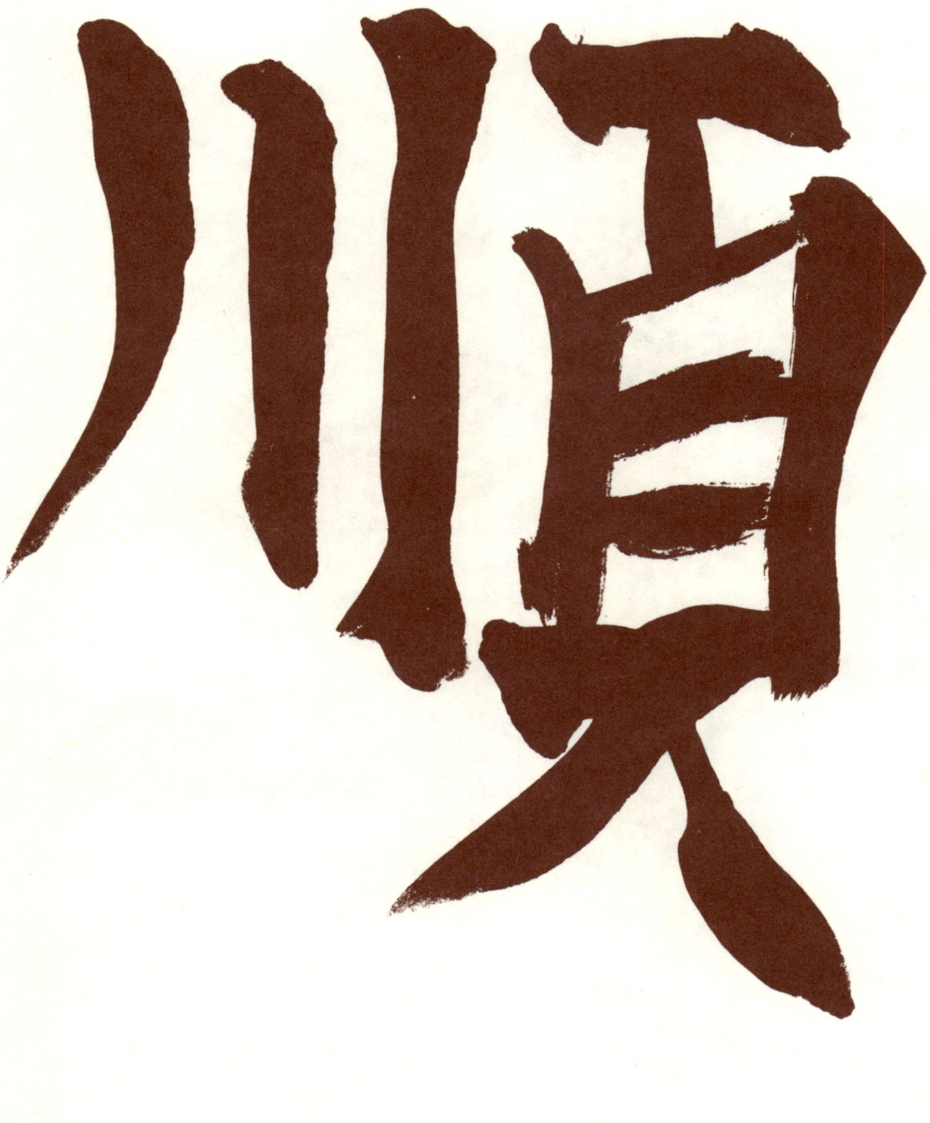

Frieden P'ing

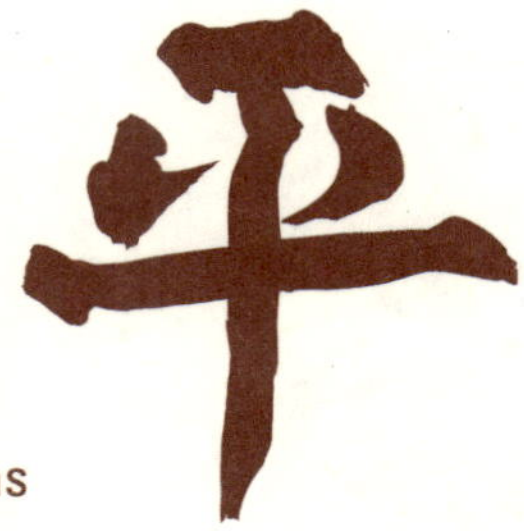

Hier kommunizieren die Zeichen *Schuld*, *Bambusstock* und *Feuer* miteinander. Das chinesische Prinzip des Friedens basiert auf der Balance zwischen entgegengesetzten Kräften, bei dem die Natur und der Himmel ausgeglichen sind. Dann nämlich befindet sich auch der Mensch im Gleichgewicht.

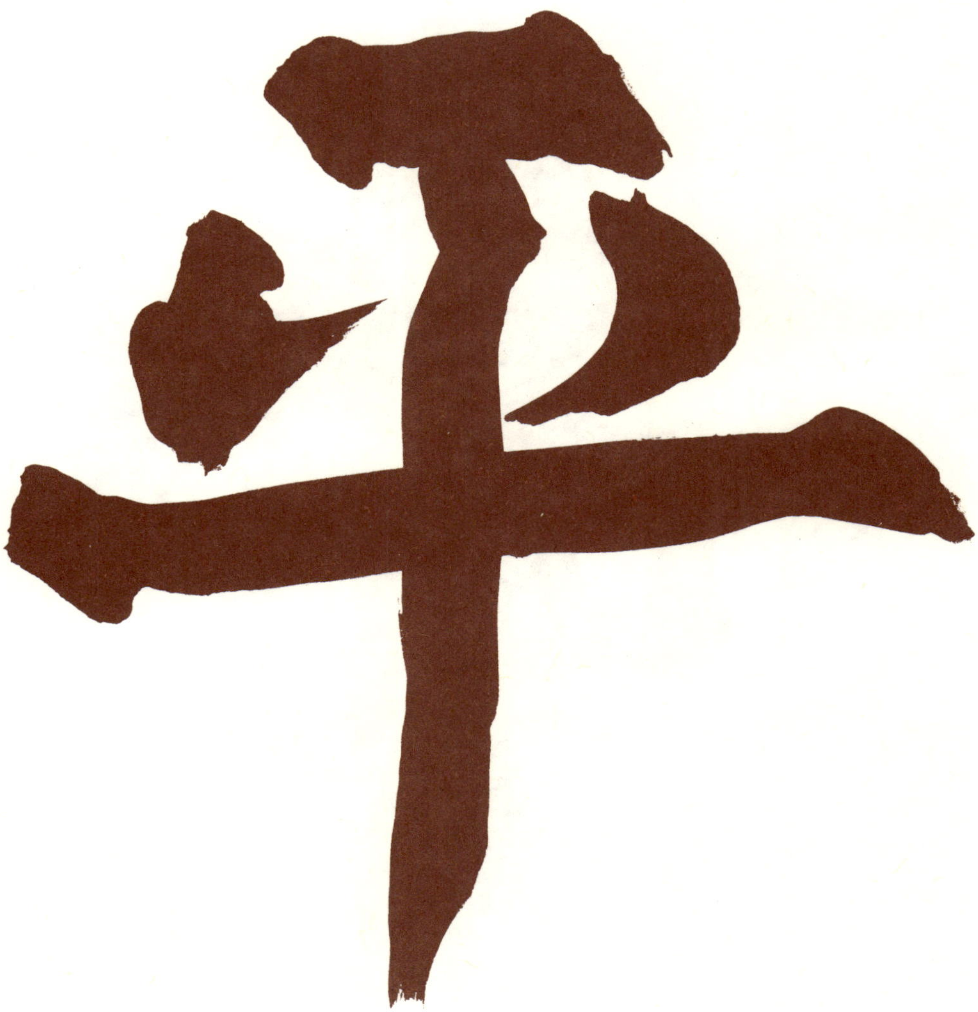

命

Schicksal Ming

In China glaubt man weniger an ein vorbestimmtes Leben als vielmehr an den Tod als unentrinnbares Schicksal, dem niemand entgehen kann.

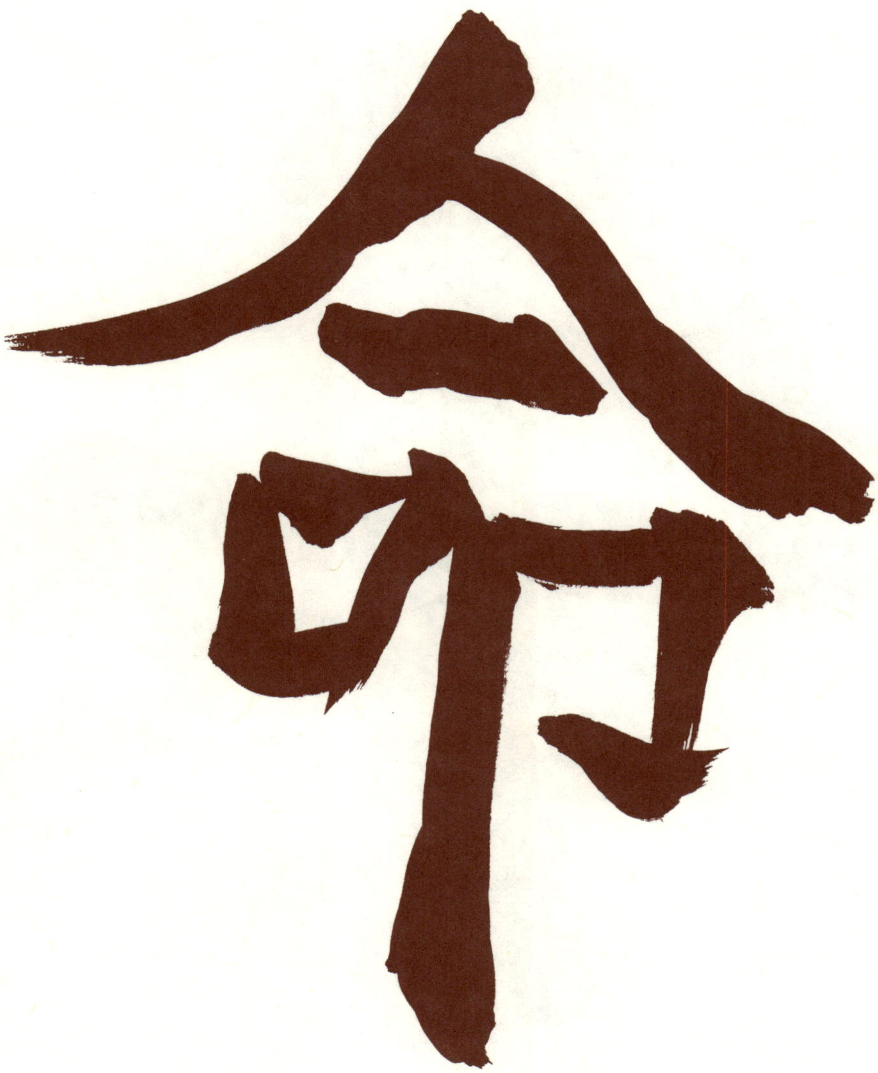

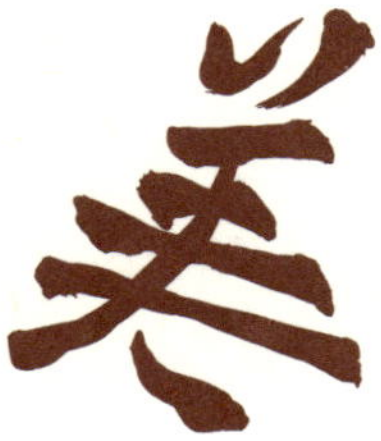

Schönheit Mei

Mei kombiniert zwei Zeichen: Das *Schaf* steht als Sinnbild für Sanftheit und Passivität der inneren Schönheit. Schafe haben keinen Willen, sie leben in Harmonie mit der Natur und ihren Artgenossen. Das andere Symbol bedeutet *groß* oder *erwachsen*. Beide zusammen ergeben sie ein Schaf, dessen Genügsamkeit sich in einem Erwachsenen entfaltet.

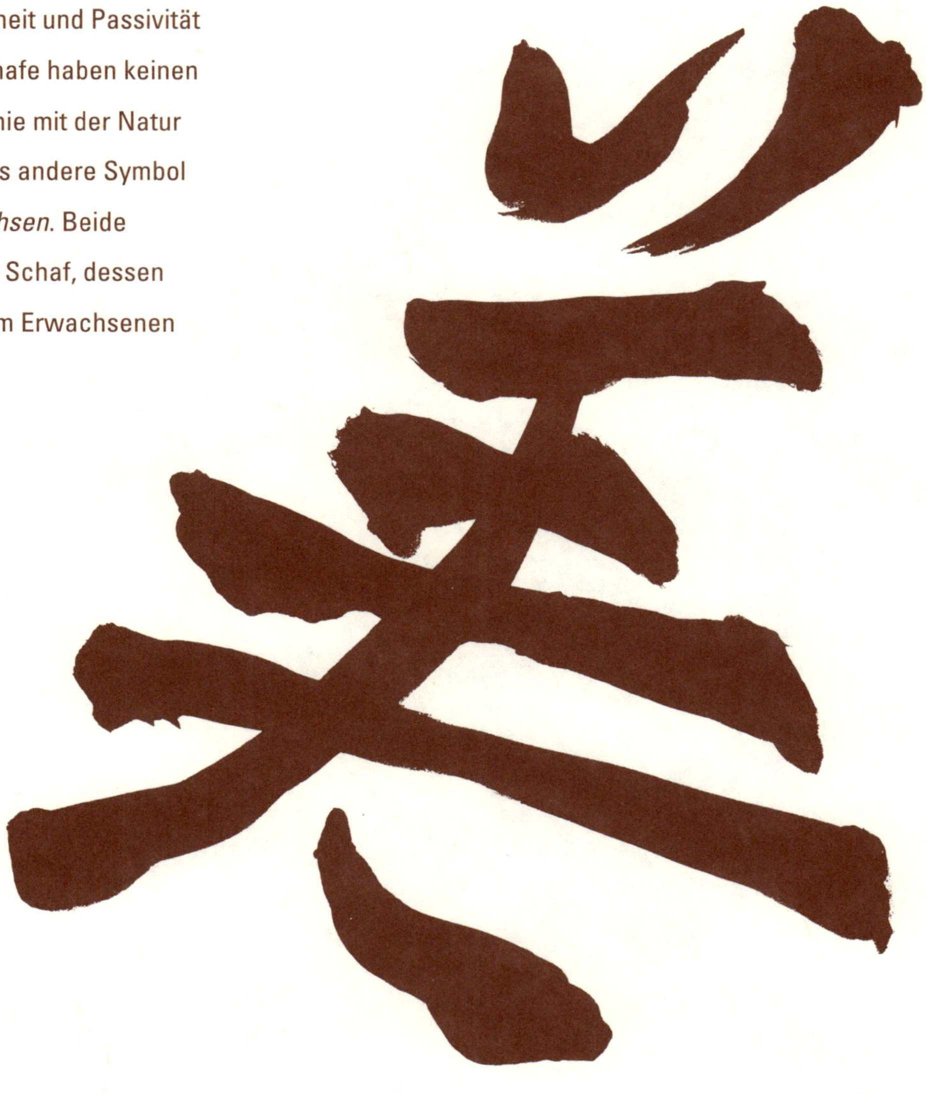

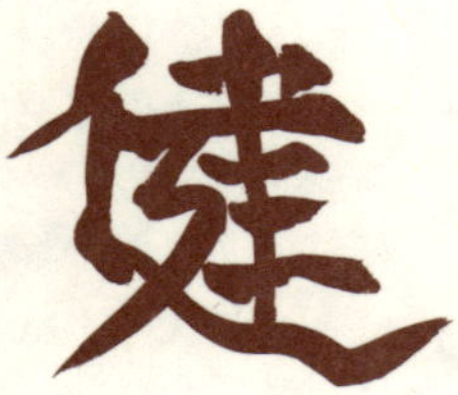

Kraft Chien

Zwei Zeichen stecken in diesem Symbol: *sich etablieren* und *Mensch*. Der Zusammenhang bezieht sich auf die Kraft und die Vitalität der Menschen, die sich in der Welt zu behaupten wissen.

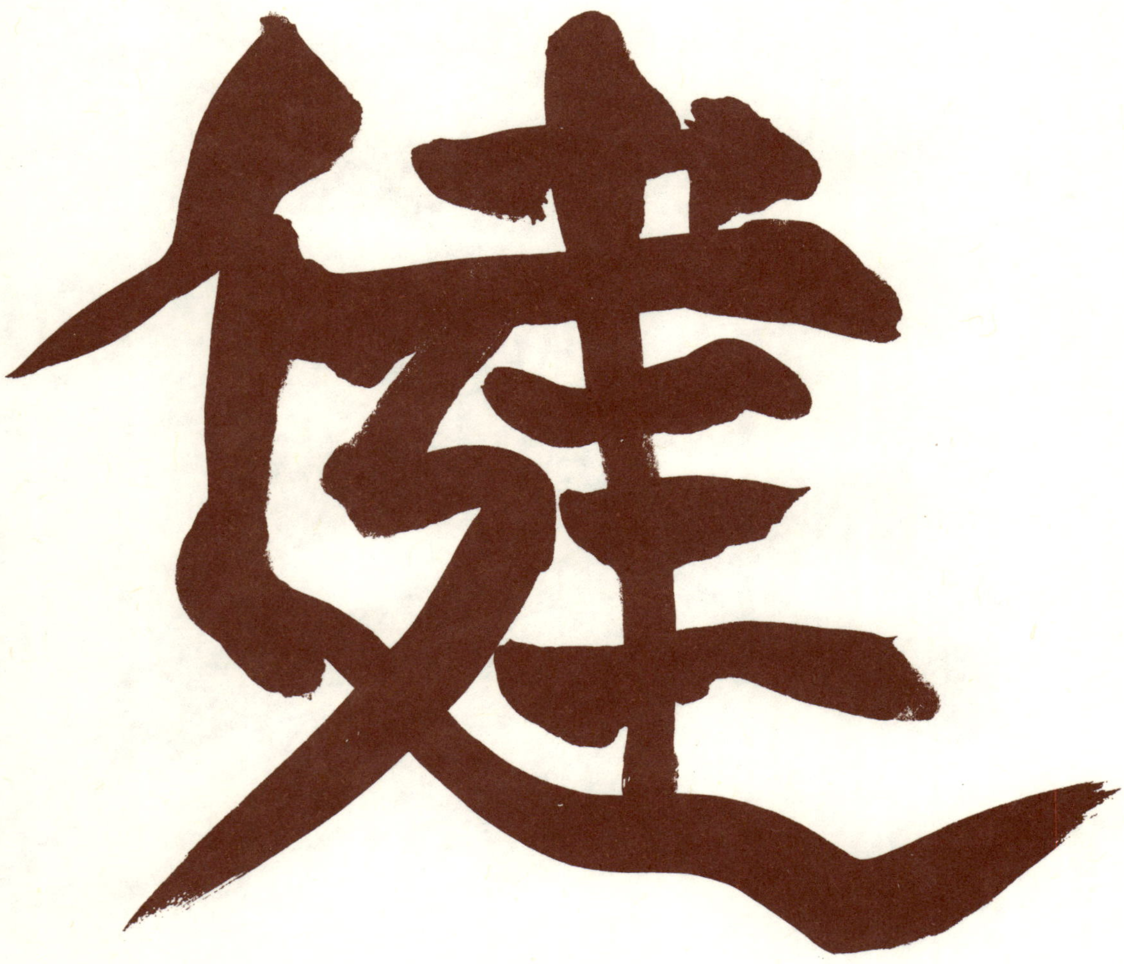

Mut Ying

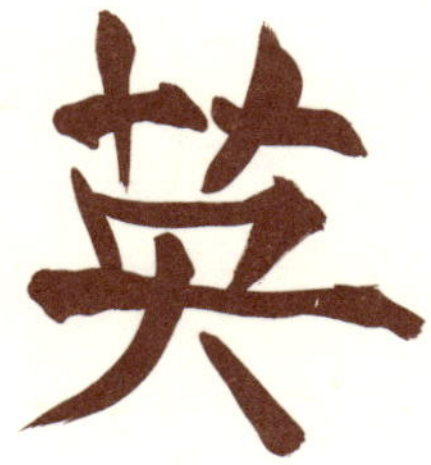

Hier hängen mehrere Zeichen zusammen: Ein *Mensch*, der allein in einem *weiten Feld* steht, wird als *mutig* und *heroisch* bezeichnet, da er keine Angst vor den wilden Tieren in seiner Umgebung hat. In China glaubt man, daß man den mühsamen Kampf gegen die Naturgewalten besser ertragen kann, wenn man sich mit ihren Kräften in Gleichklang bringt.

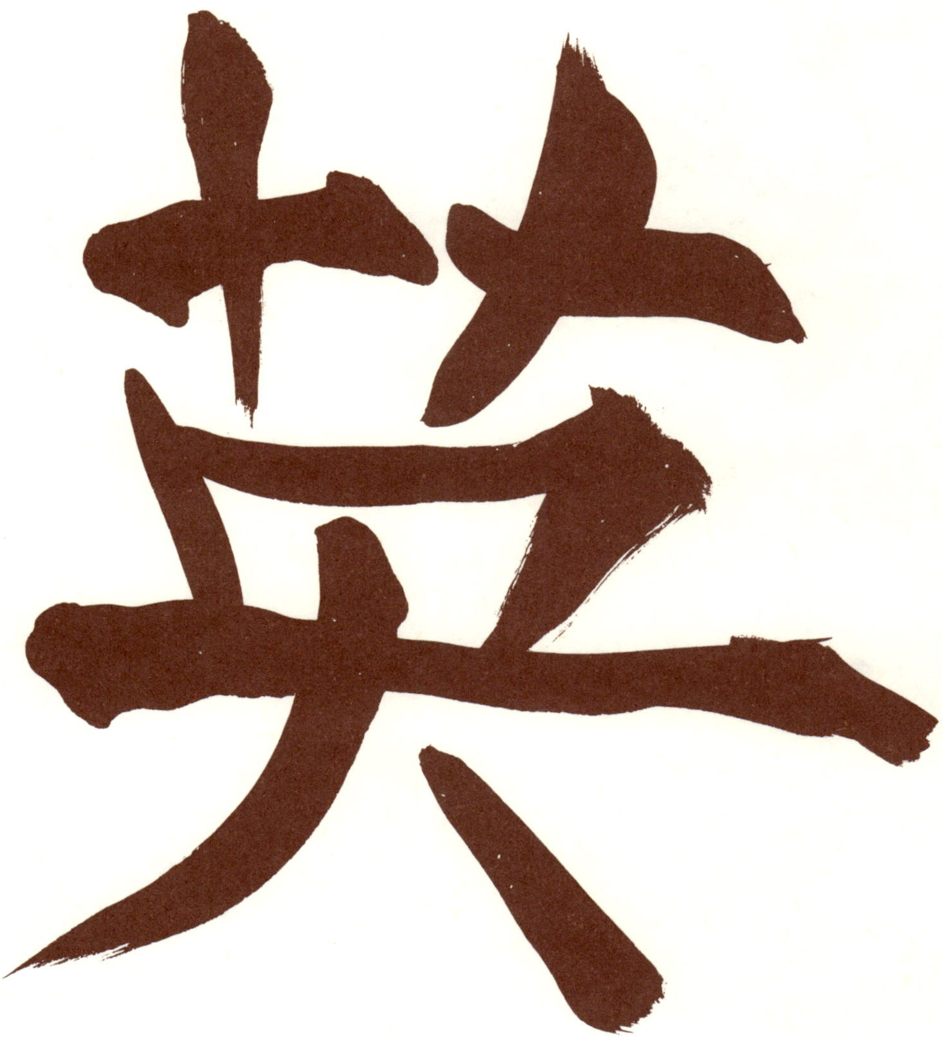

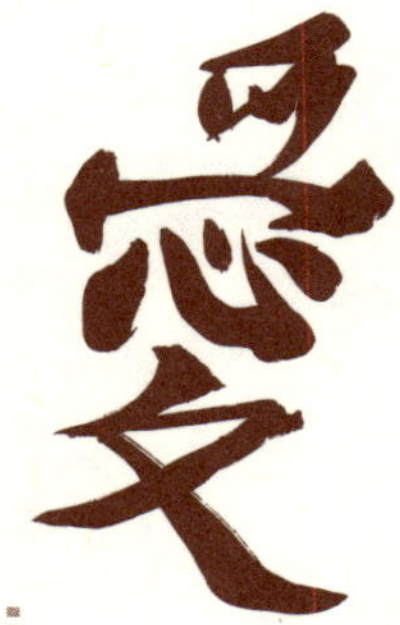

Liebe Ai

Im alten China war der Begriff *Liebe* etwas Nicht-Alltägliches und wurde nicht so leichtfertig angewandt wie heute, sondern wurde als ein hohes spirituelles Gefühl angesehen. Das *Herz* ist hier im Mittelpunkt, denn eingerahmt von *Atem* und *Anmut* bekommt die Liebe etwas Inspirierendes: Leben wird dem Herzen eingehaucht und bringt dem Körper Anmut.

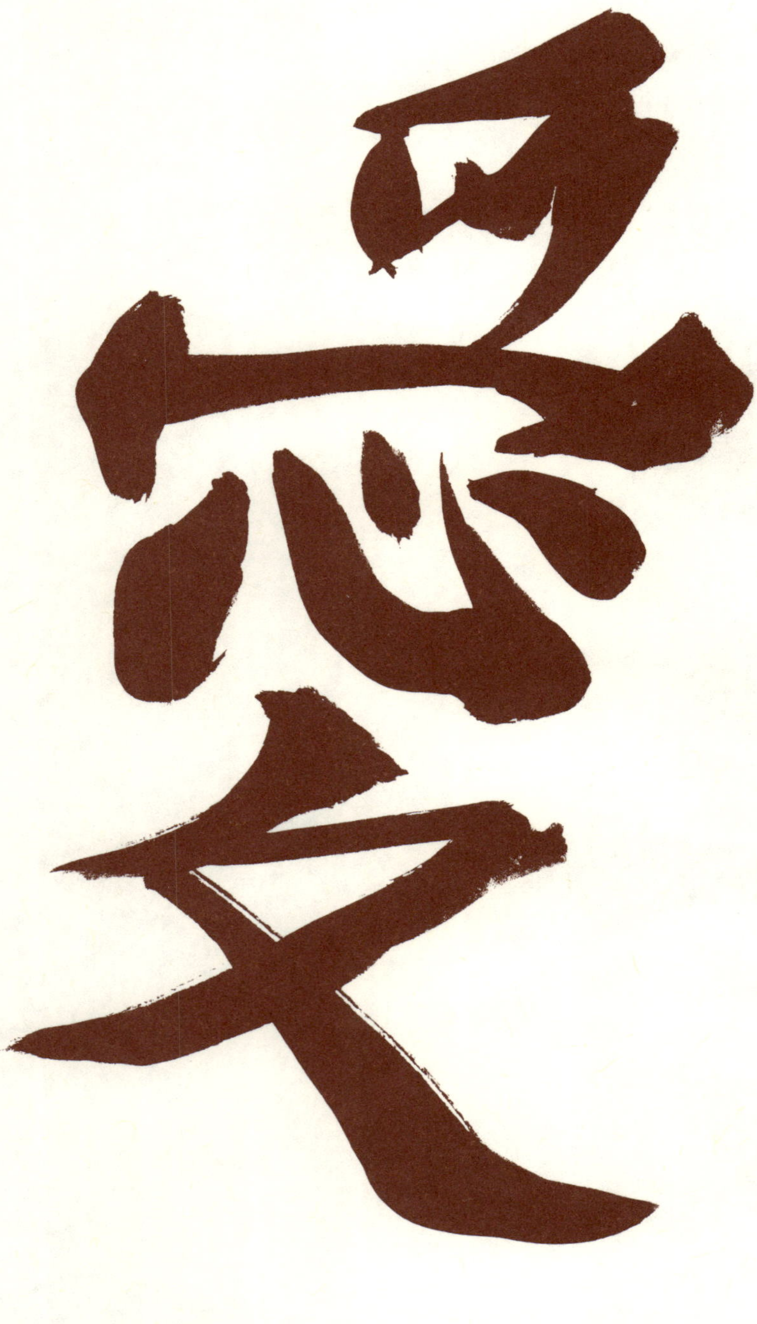

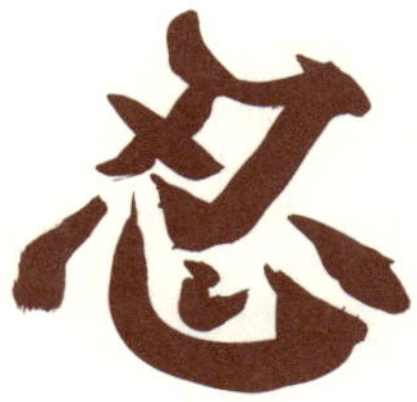

Geduld J'n

Ein bekanntes chinesisches Sprichwort besagt: Das Merkmal der Geduld hat ein Messer über dem Herzen. Mit anderen Worten: Es wäre unklug, eines Menschen Geduld zu überstrapazieren. J'n kann auch für *Toleranz* stehen, denn der Chinese unterscheidet diese nicht von *Geduld*, weil ein geduldiges Herz auch ein tolerantes Herz ist.

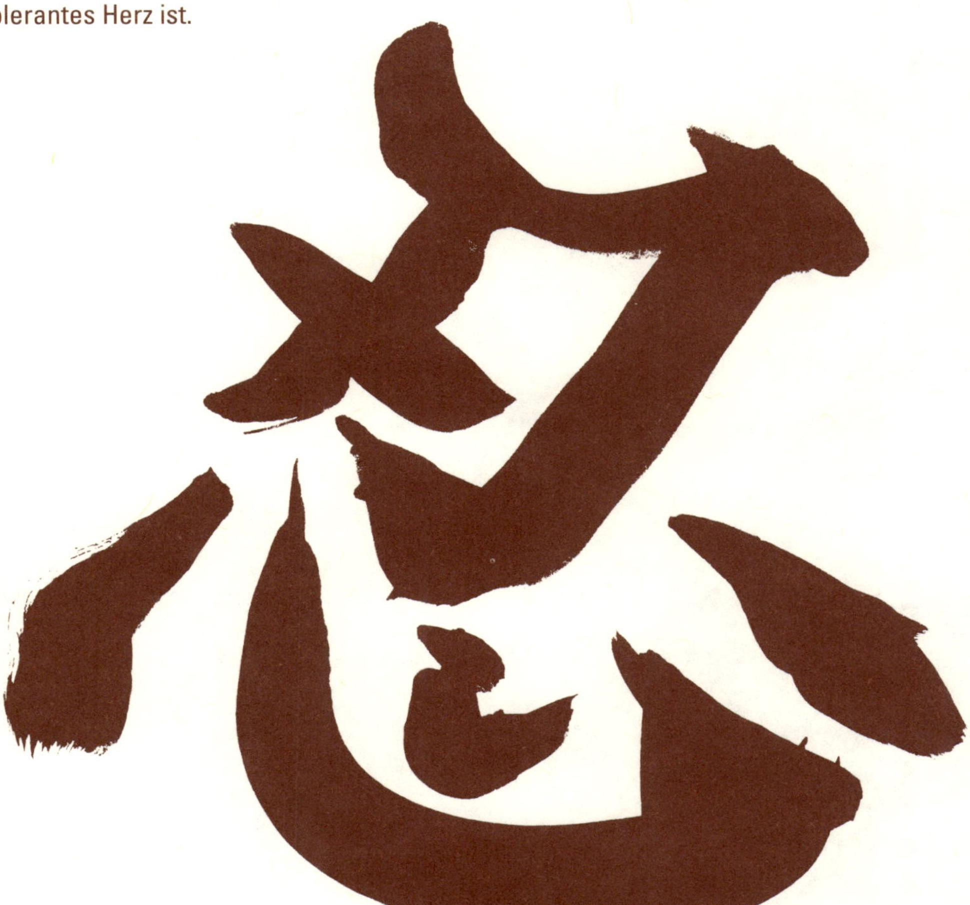

Weisheit Chih

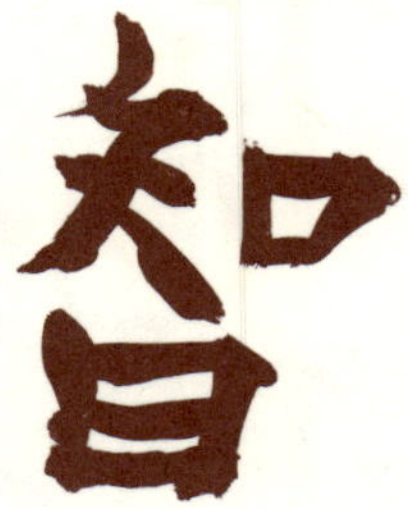

Die Zeichen für *Wissen, Mund* oder *gesprochen* und *Sonne* bedeuten Weisheit. Das Wissen, das sich verbreitet und die Welt erleuchtet wie die Sonne, ist eine Wohltat für die Menschheit.

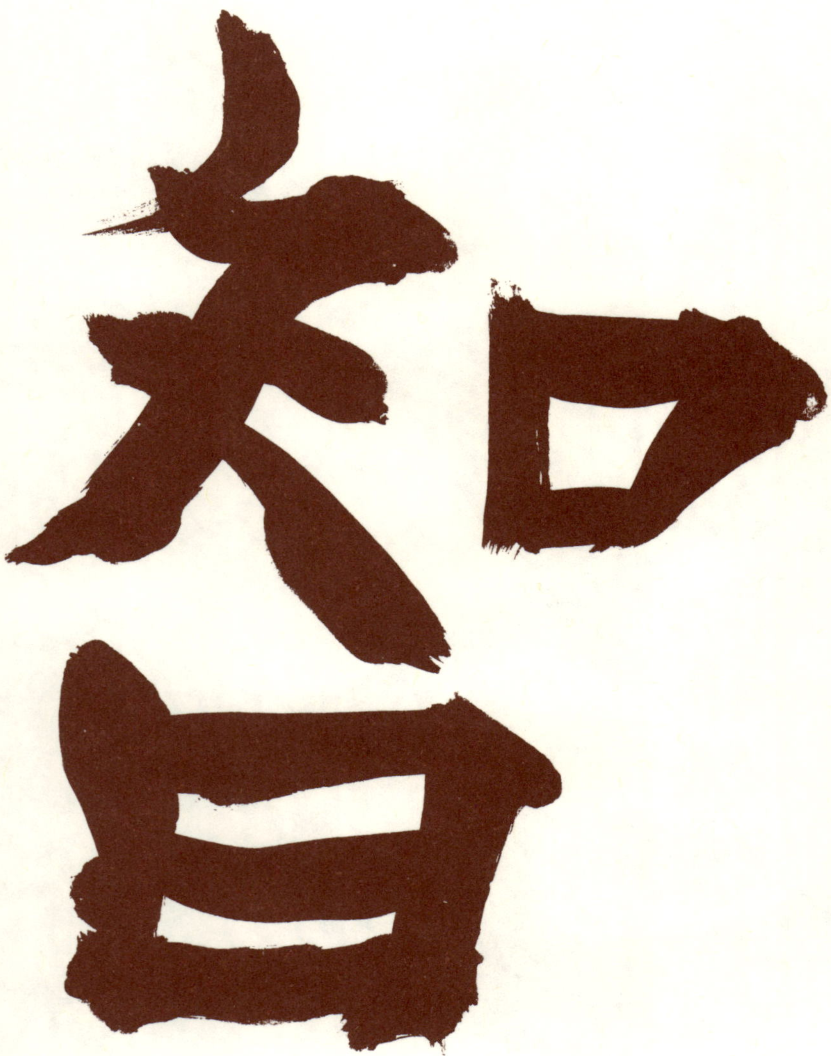

Hingabe Hs'in

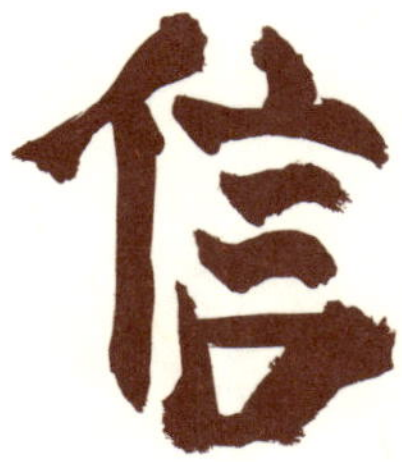

Sich jemandem völlig hinzugeben bedeutet völliges Vertrauen in diese Person und ergibt sich aus zwei Zeichen: *Menschen,* die zu ihrem *Wort* stehen, inspirieren andere Menschen zur Hingabe.

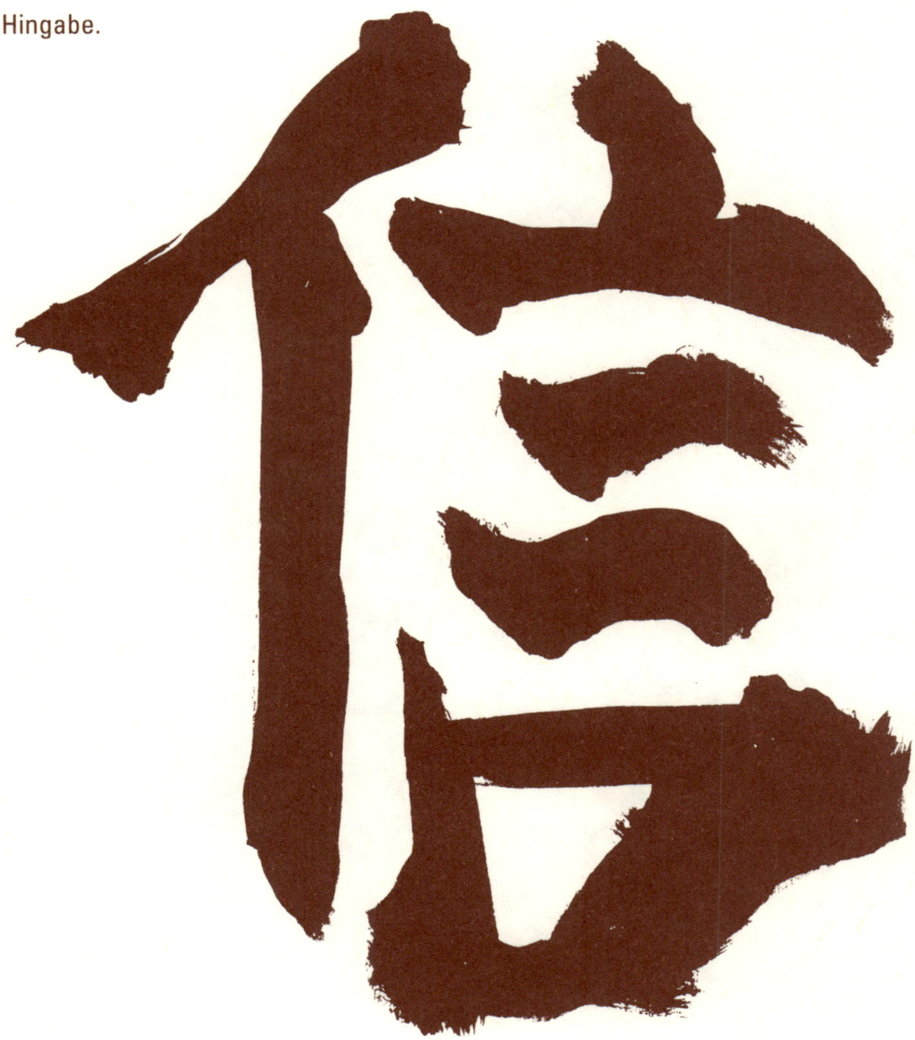

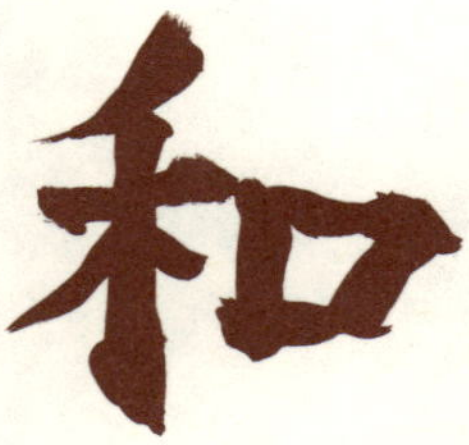

Harmonie Ho

In Harmonie leben bedeutet, daß Himmel und Erde in Einklang sind und alle Kreaturen gesättigt, zufrieden sind. Die Symbole für *Mund* und *Samenkorn* geben dies wieder.

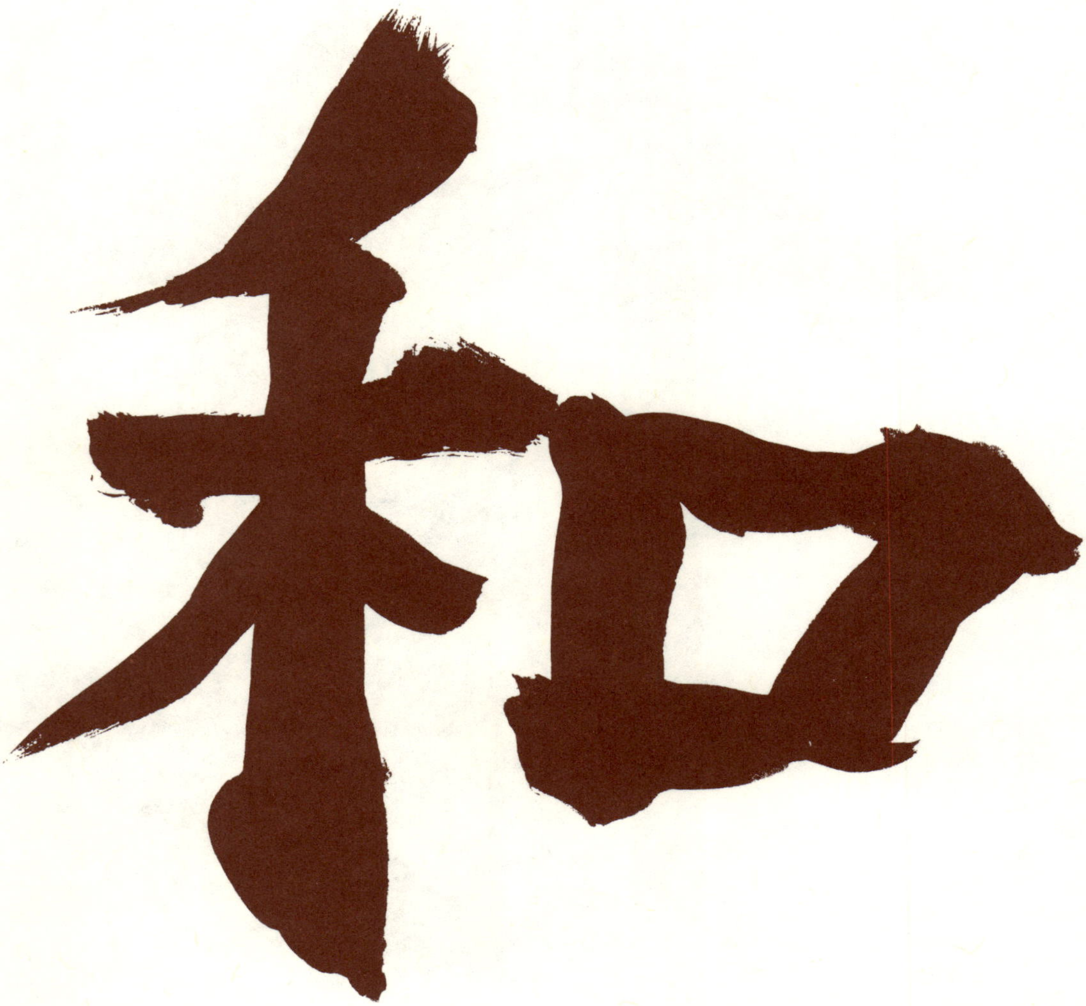

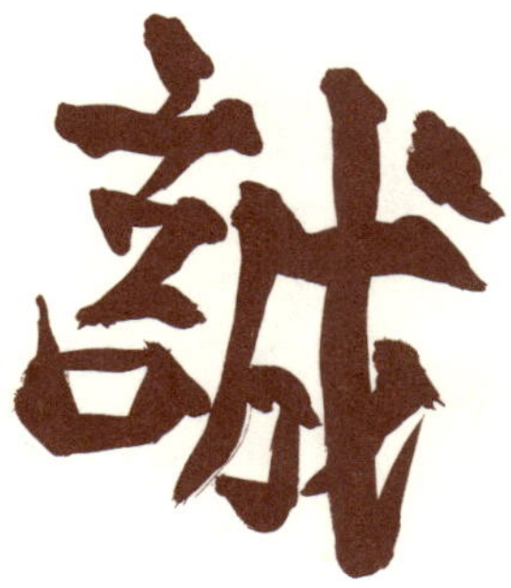

Aufrichtigkeit Chieng

Die Wörter *Mund* und *Perfektion* bilden das Merkmal der Aufrichtigkeit, das wichtigste Attribut auf dem Weg zur inneren Erleuchtung. Aufrichtigkeit ist die Vervollkommnung durch Transformation des Gedankens in Worte.

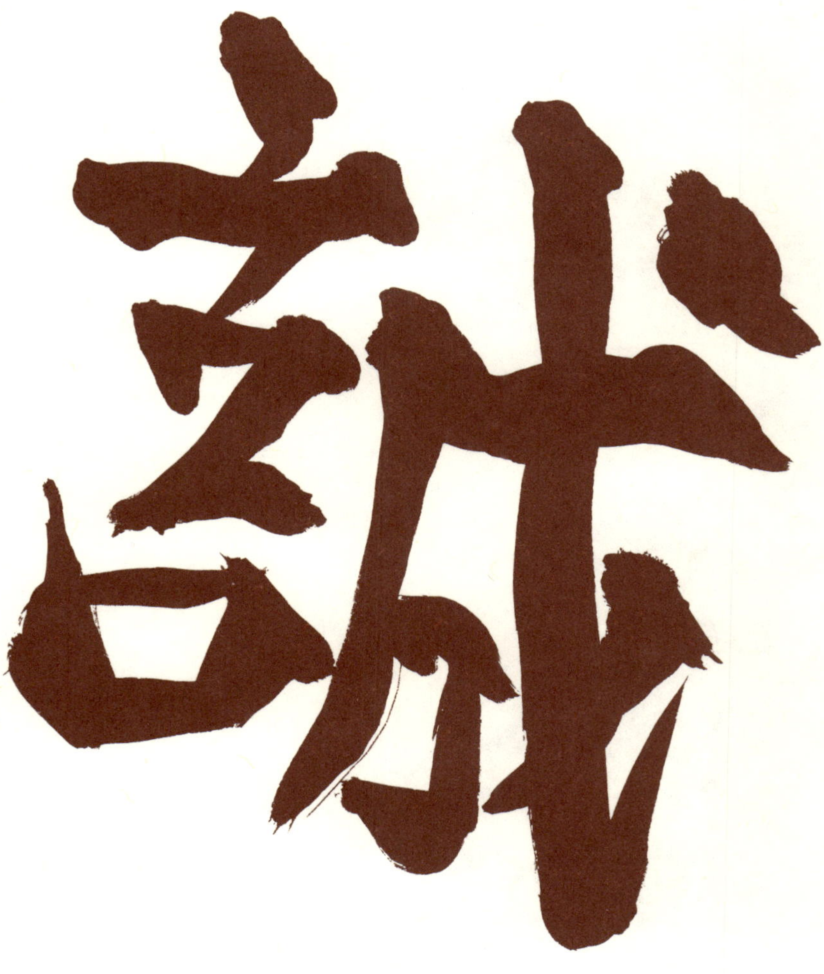

Klugheit Sheng

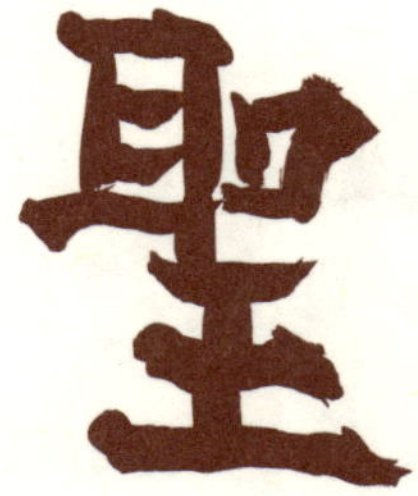

Dieses Symbol setzt sich aus den Zeichen für *Mund, Ohr* und *großartig* zusammen. Klugheit ergibt sich aus der Fähigkeit des Zuhörens und des Sprechens, wobei das Zuhören an erster Stelle steht. Es ermöglicht einem Menschen das Begreifen des unermeßlich großen Universums.

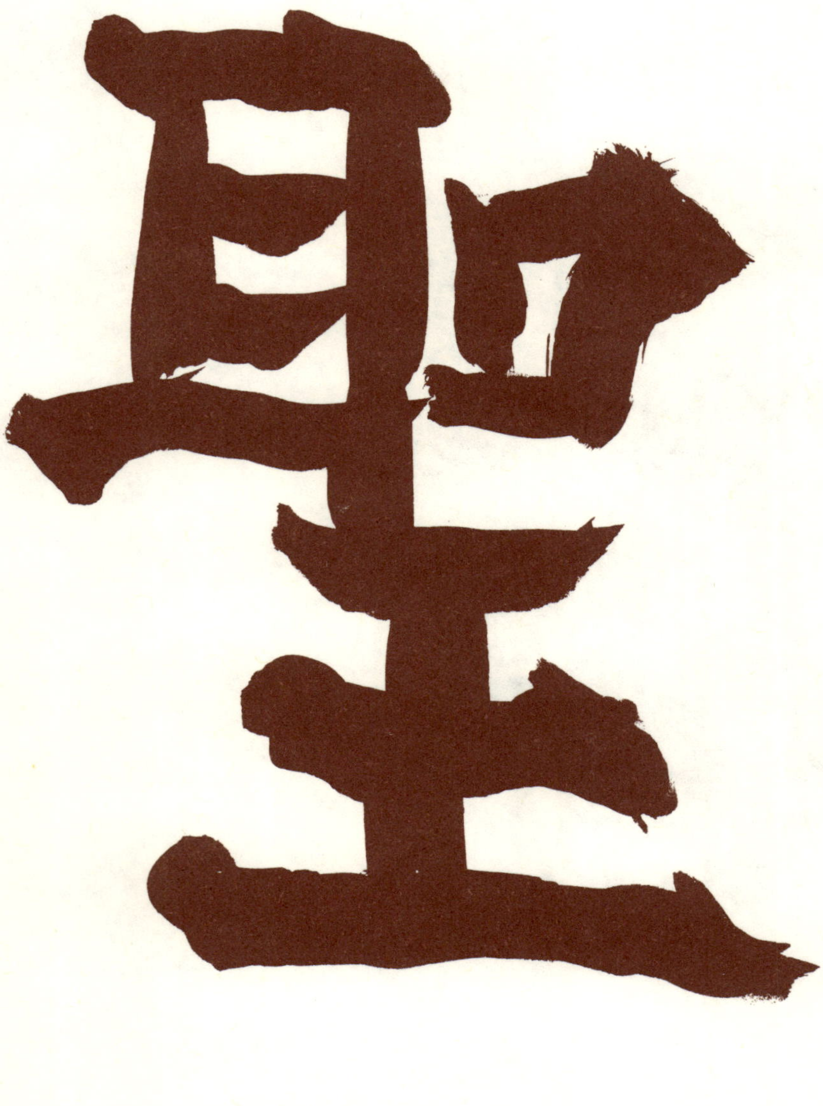

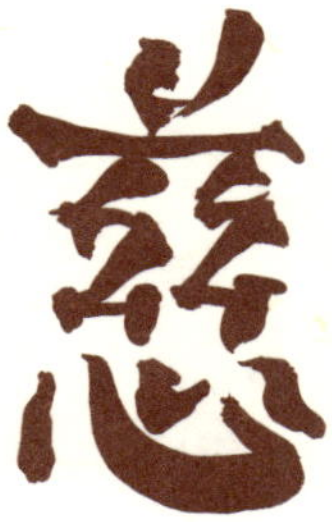

Mitleid Tz'u

Es ist vollkommen natürlich, jemandem zu helfen, der in Not geraten ist. Das ist mit der aufopferungsvollen Hingabe (Liebe) der Mutter zu ihrem Kind zu vergleichen und setzt sich deshalb aus den Symbolen *Sohn*, *Tochter* und *Herz* zusammen.

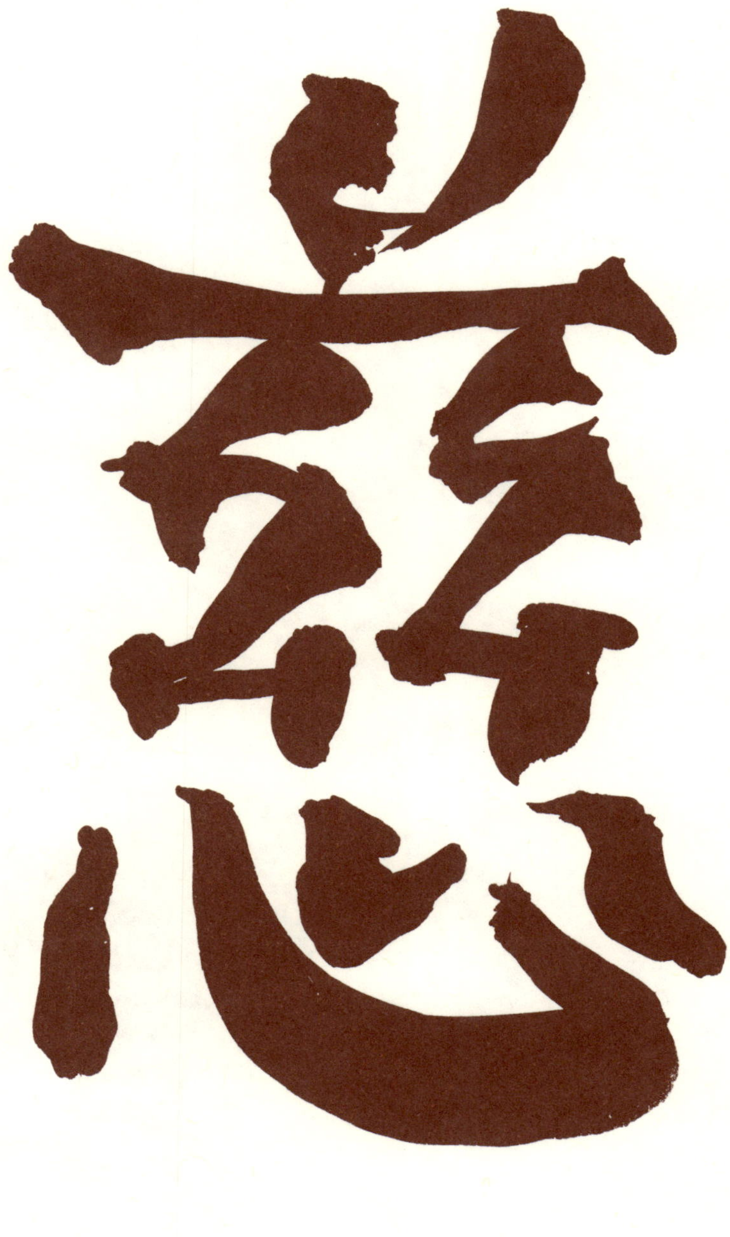

GEHEIMNISVOLLE KANJIS

Da es ursprünglich keine japanische Schrift gab, wurde um das vierte und fünfte Jahrhundert auf die chinesische Schrift zurückgegriffen. Allerdings wurden diese Wortzeichen lautwertig, ohne Rücksicht auf ihre chinesische Bedeutung, zur Wiedergabe japanischer Silben (Kanjis) übernommen.
Erst in moderner Zeit wurde die japanische Schrift standardisiert und 47 Kanjis wurden in eine alphabetische Ordnung gebracht. Seit der Schriftreform 1946 benutzt man in Japan chinesische Standard-Schriftzeichen und Kana-Zeichen gemischt.

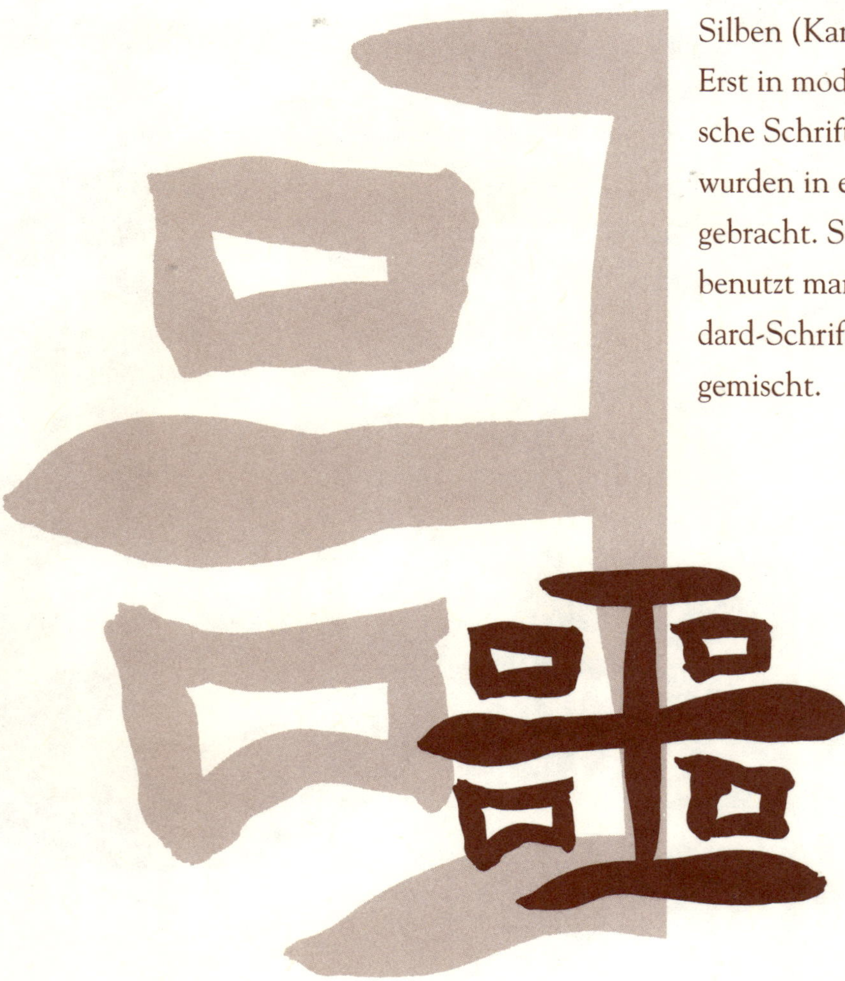

Heute werden 881 Kana-Zeichen in der Schule gelehrt, Gebrauchsstandard sind etwa 1850.
Kanjis haben viele unterschiedliche Bedeutungen und – anders als die chinesischen Symbole – auch negative. Sie beschreiben einen Ist-Zustand und stehen für sich allein, ohne mit anderen Zeichen kombiniert zu werden.

Tod

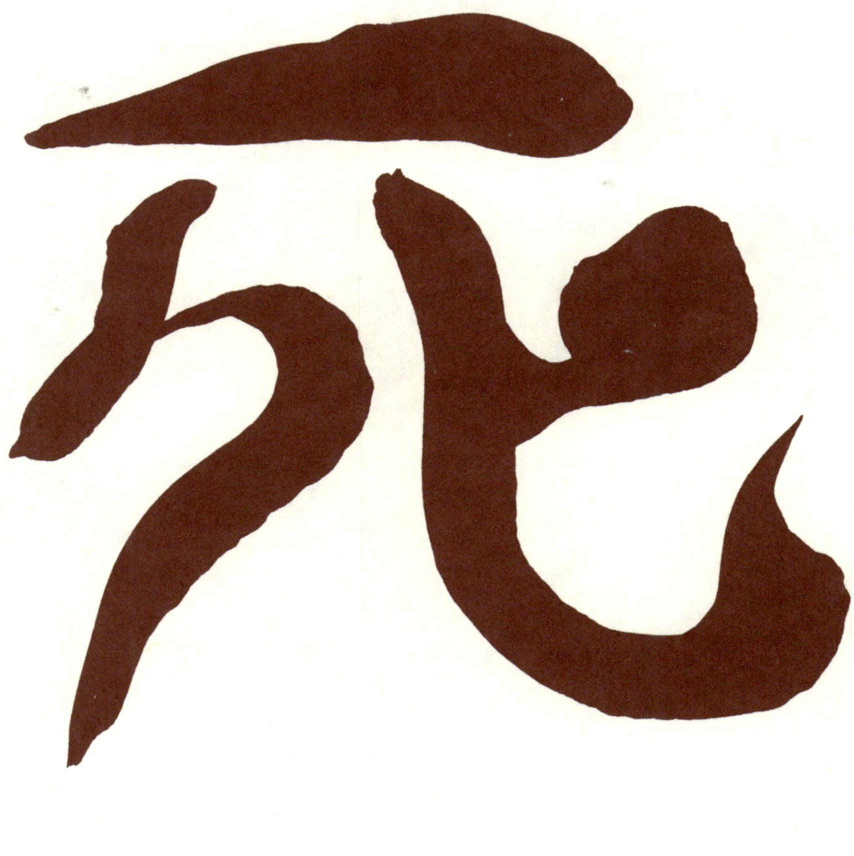

Intelligenz

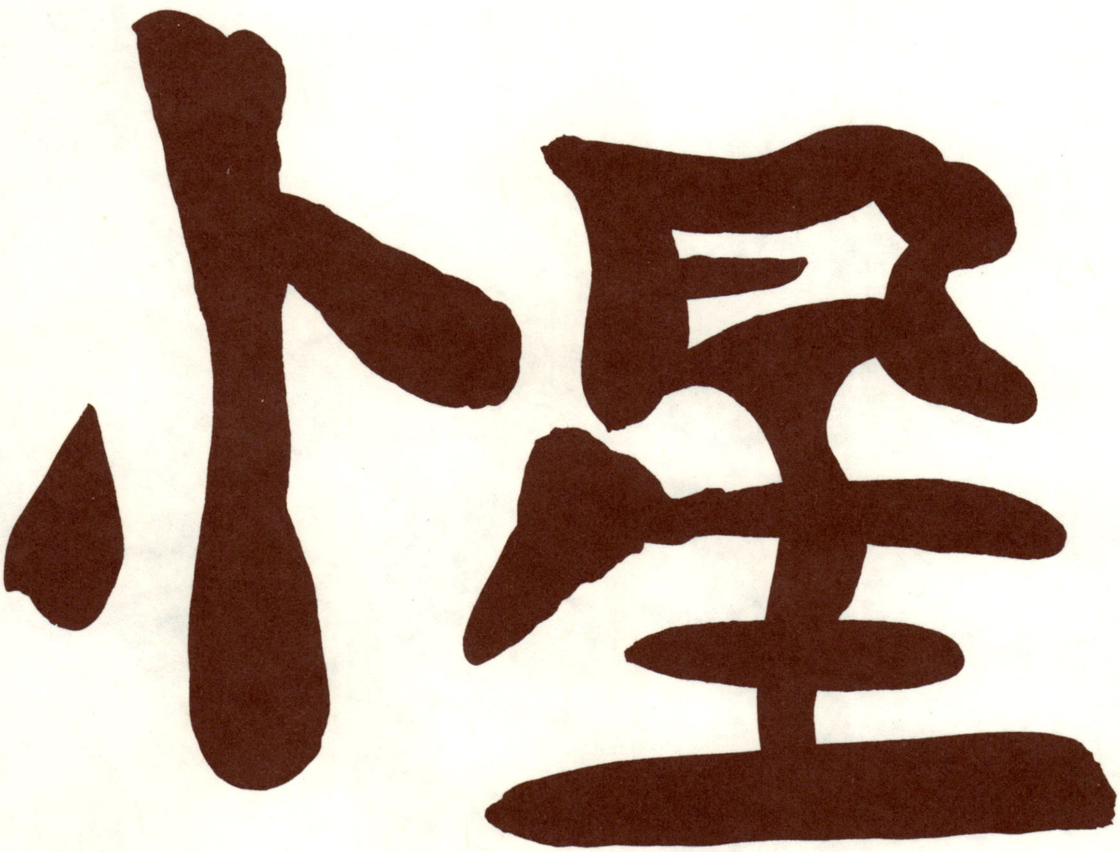

Bewunderung

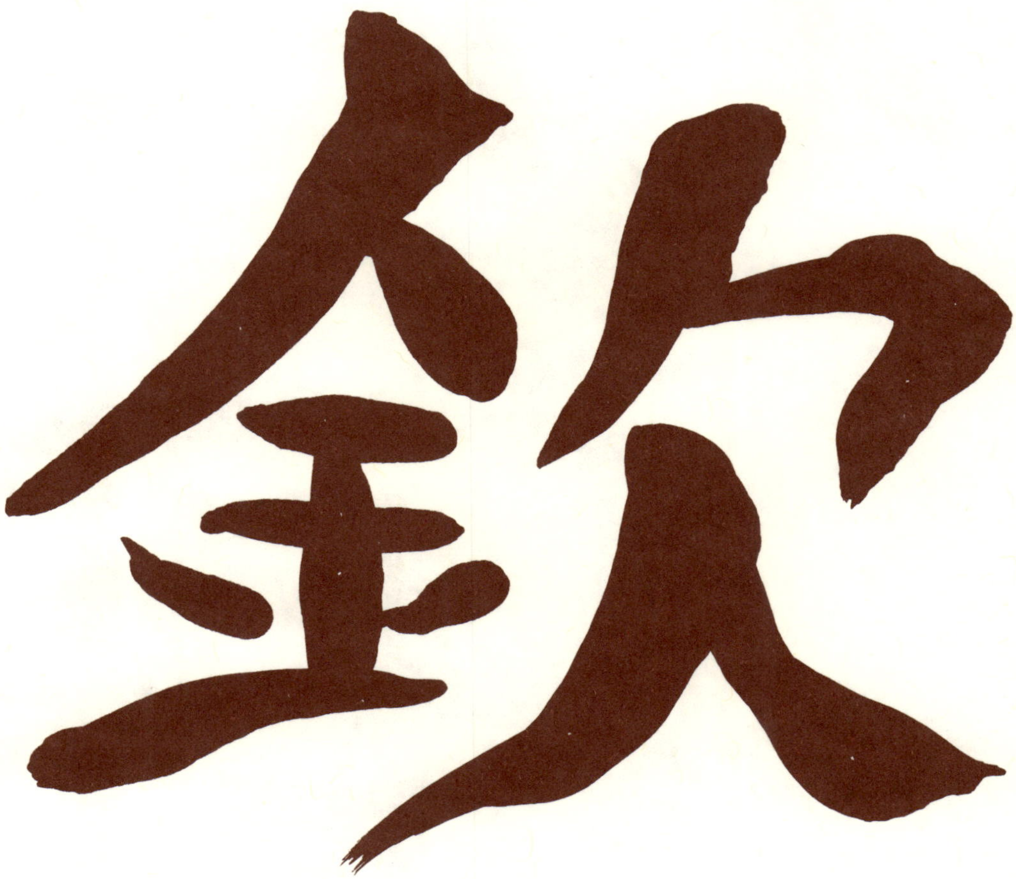

JAPAN

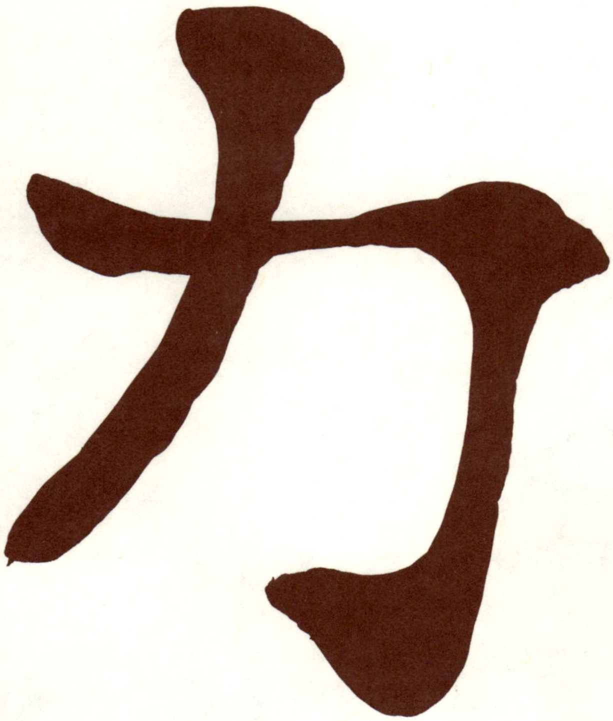

Stärke

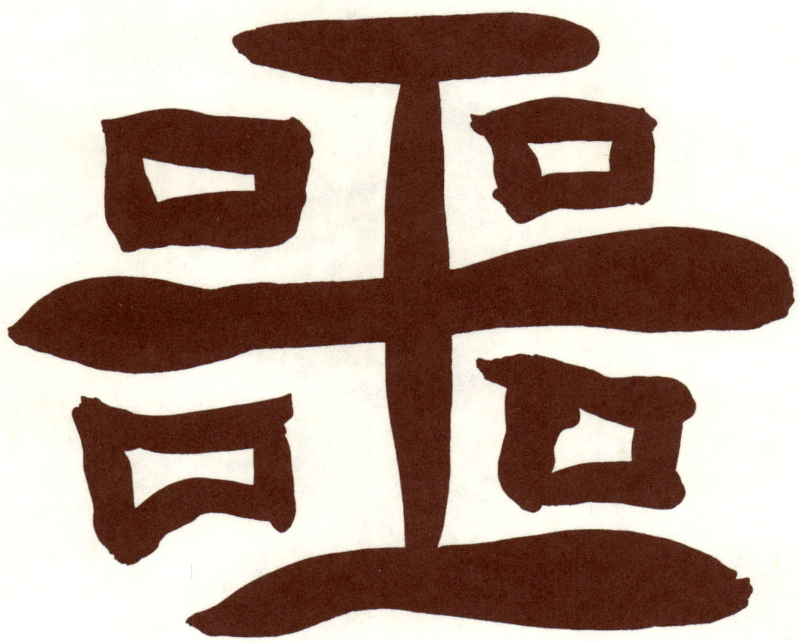

Das Böse

Das Gute

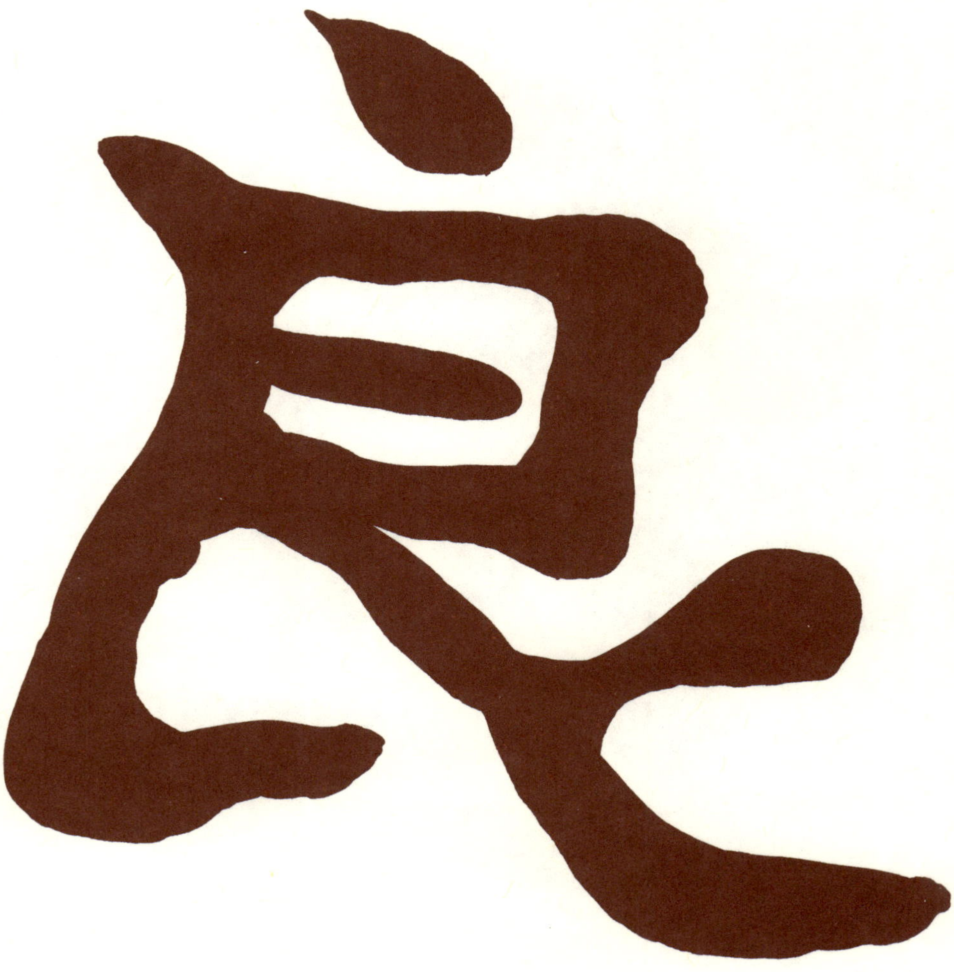

Schlau

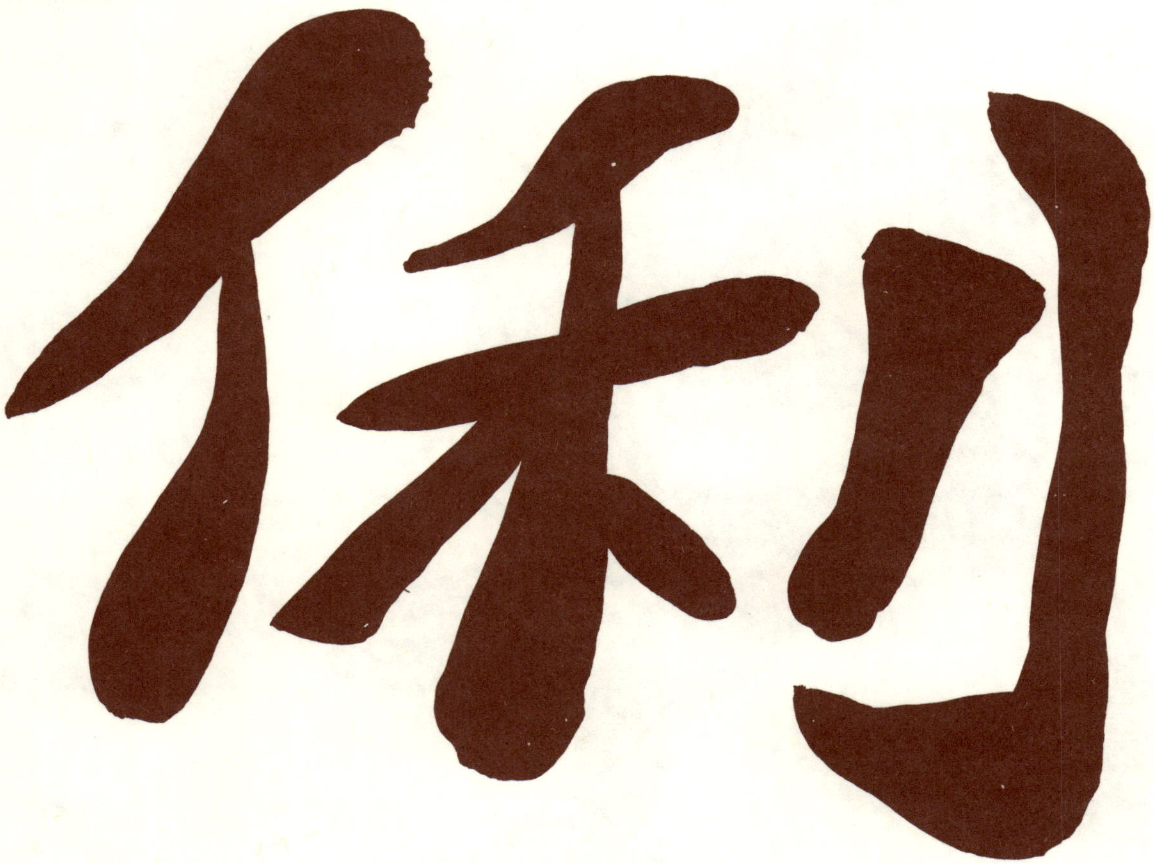

Kraftvoll

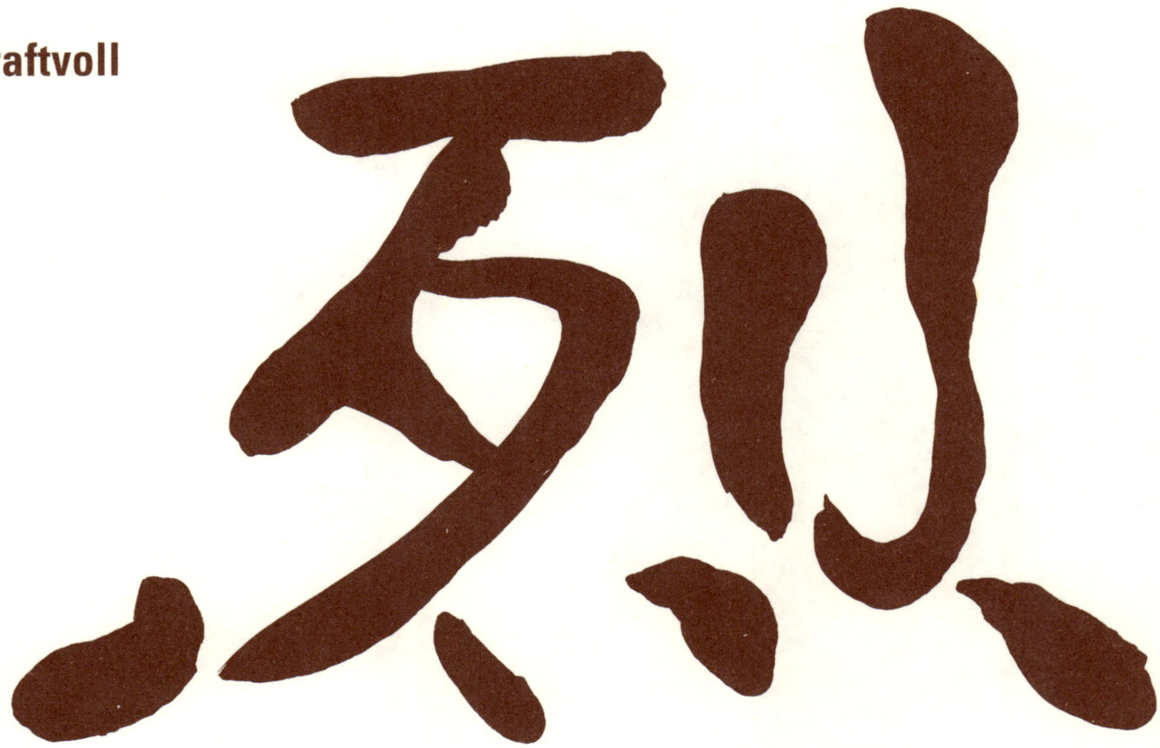

Mut

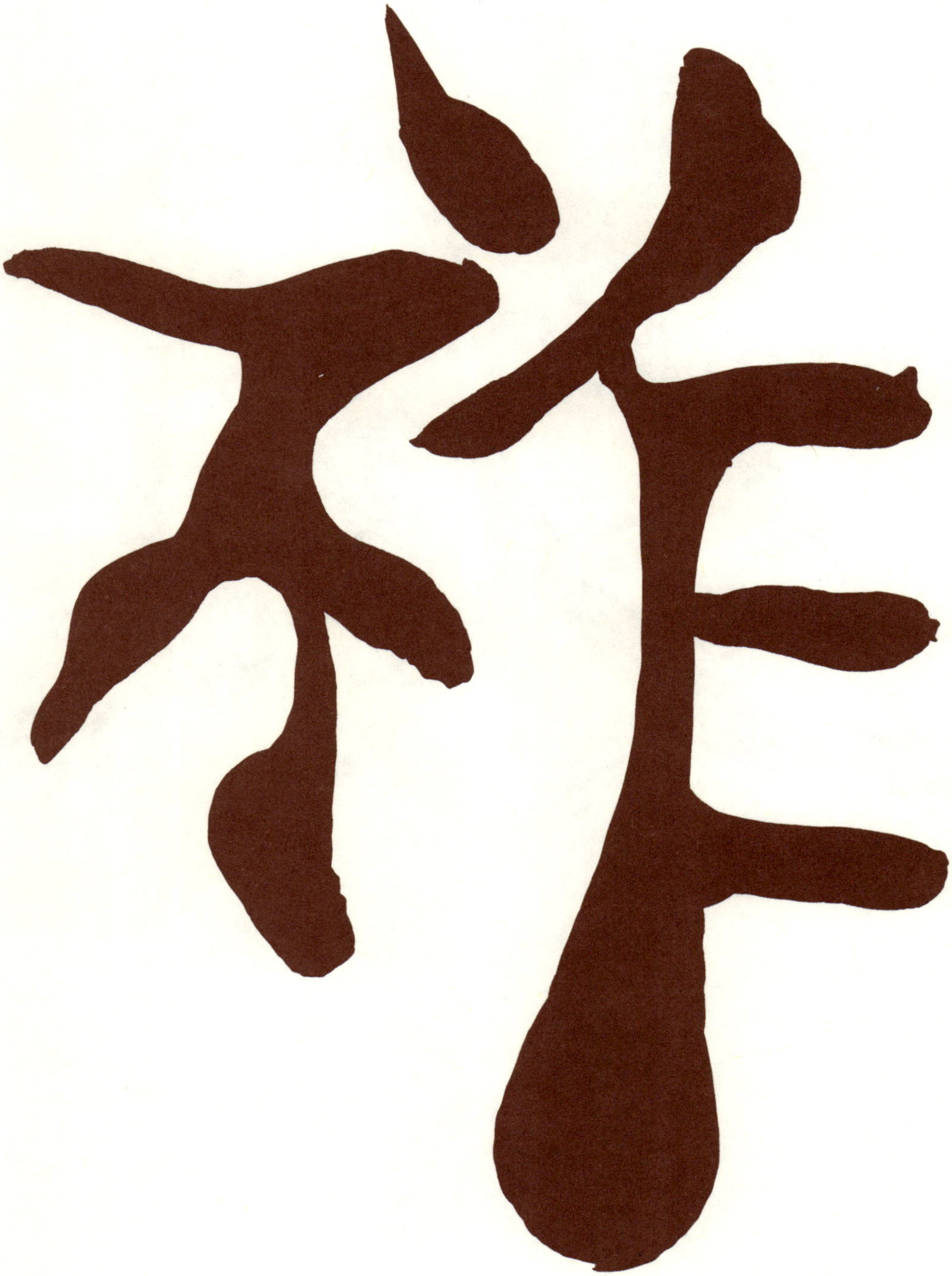

Triumph

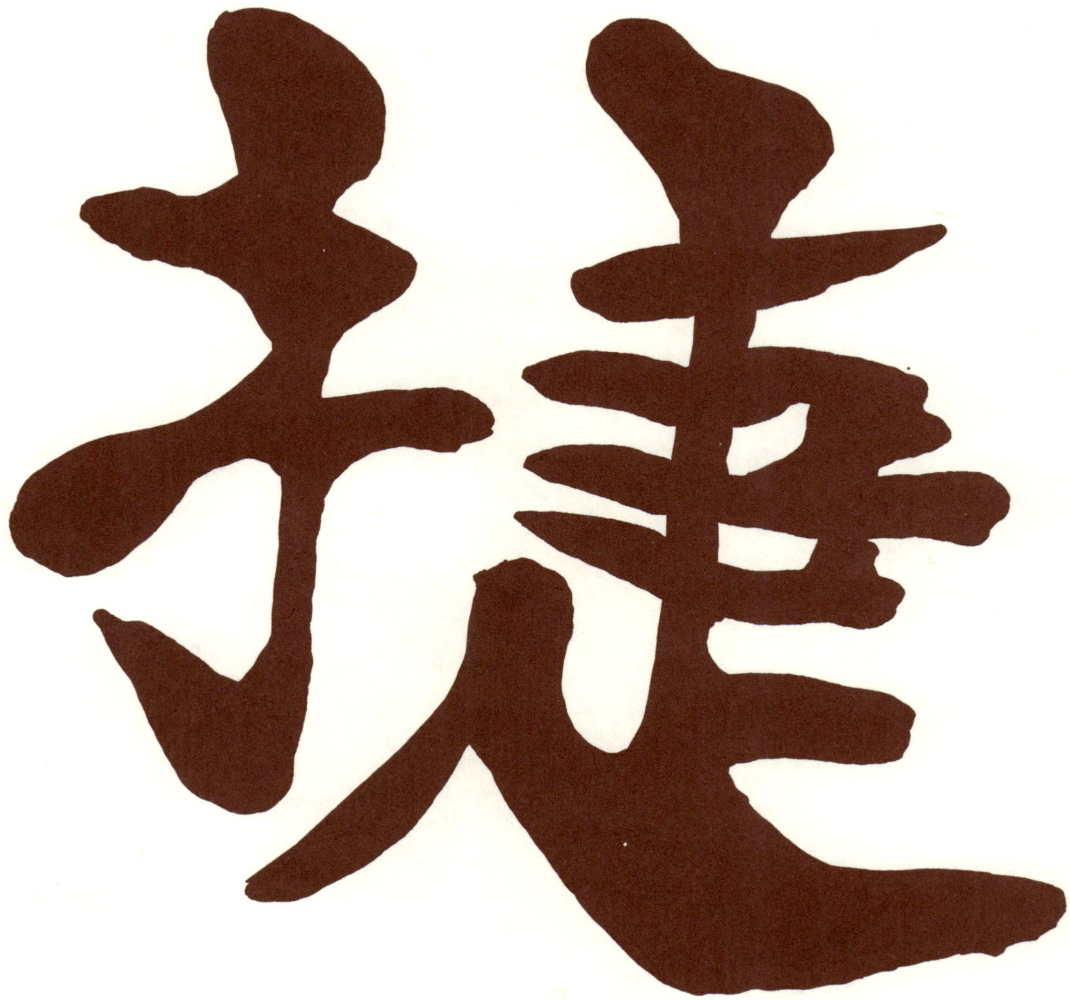

Zorn

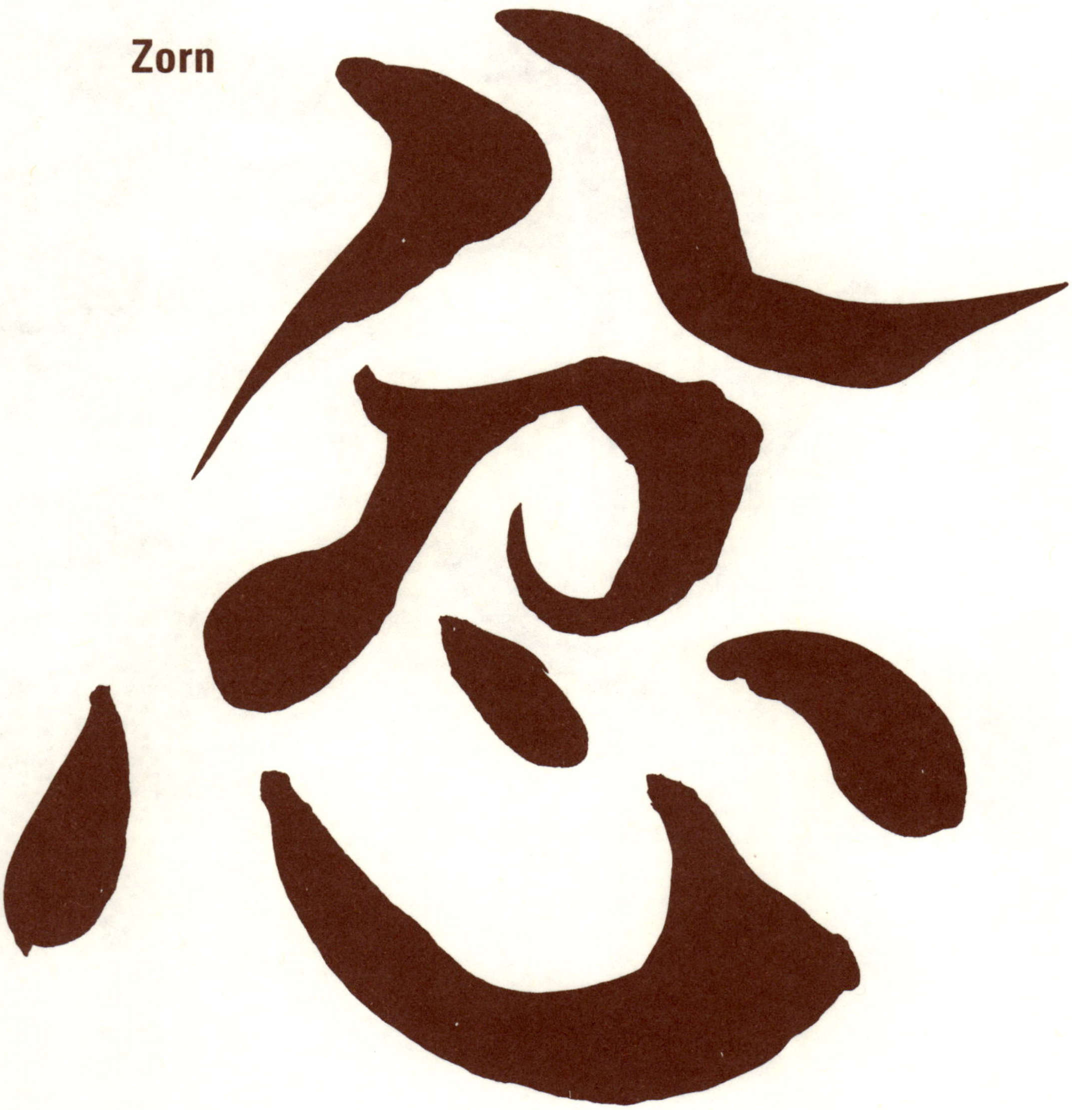

Geld

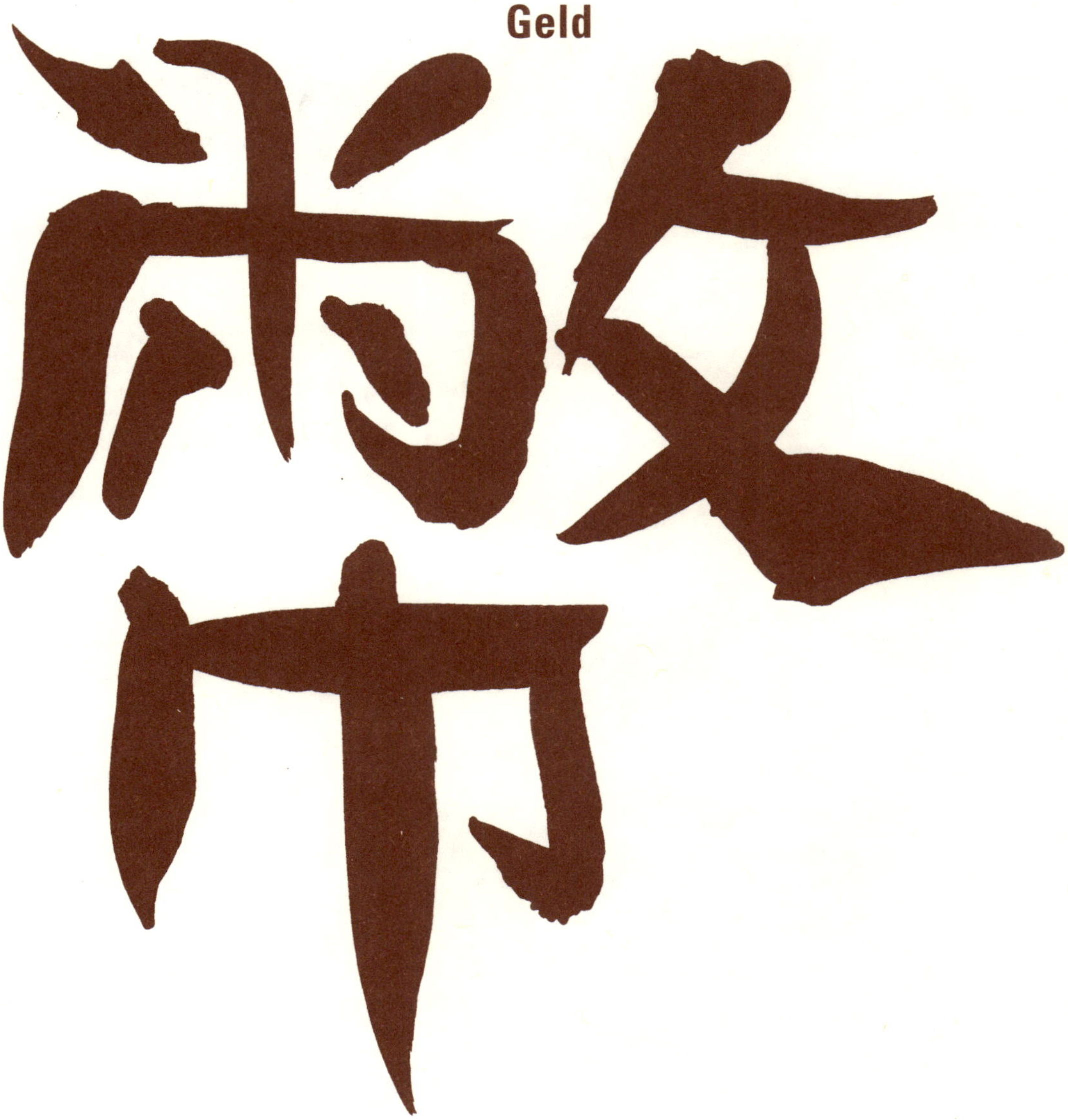

EDLE EXTRAVAGANZ

Tribals sind Ornamente ohne religiöse oder mystische Bedeutung. Sie haben sich aus verschiedenen Stilrichtungen vor allem afrikanischen und australischen Ursprungs entwickelt – daher stammt auch der Begriff Tribal: *tribe* ist das englische Wort für Stamm.

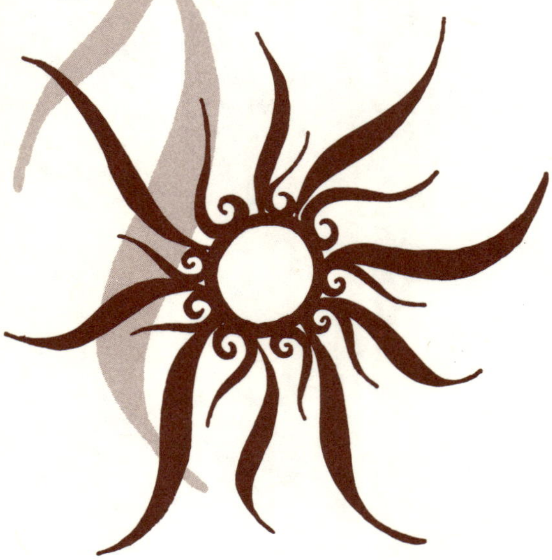

Ausgehend von traditionellen Motiven der ursprünglichen afrikanischen und australischen Kultur entwickelten Tattoo- und Bodypainting-Künstler moderne Varianten dieser Stammesornamente, die in der Körperschmuck-Szene großen Anklang finden. Verständlicherweise, denn wie die folgenden Beispiele zeigen, bieten sie eine unendliche Vielfalt von Gestaltungsmöglichkeiten. Wer sich mit Tribals schmückt, strahlt das »gewisse Etwas« aus. Ob am Hals, um den Bauchnabel, auf dem Unterarm oder auf der Schulter, sie sind stets ein Blickfang – nicht nur auf einer Party.

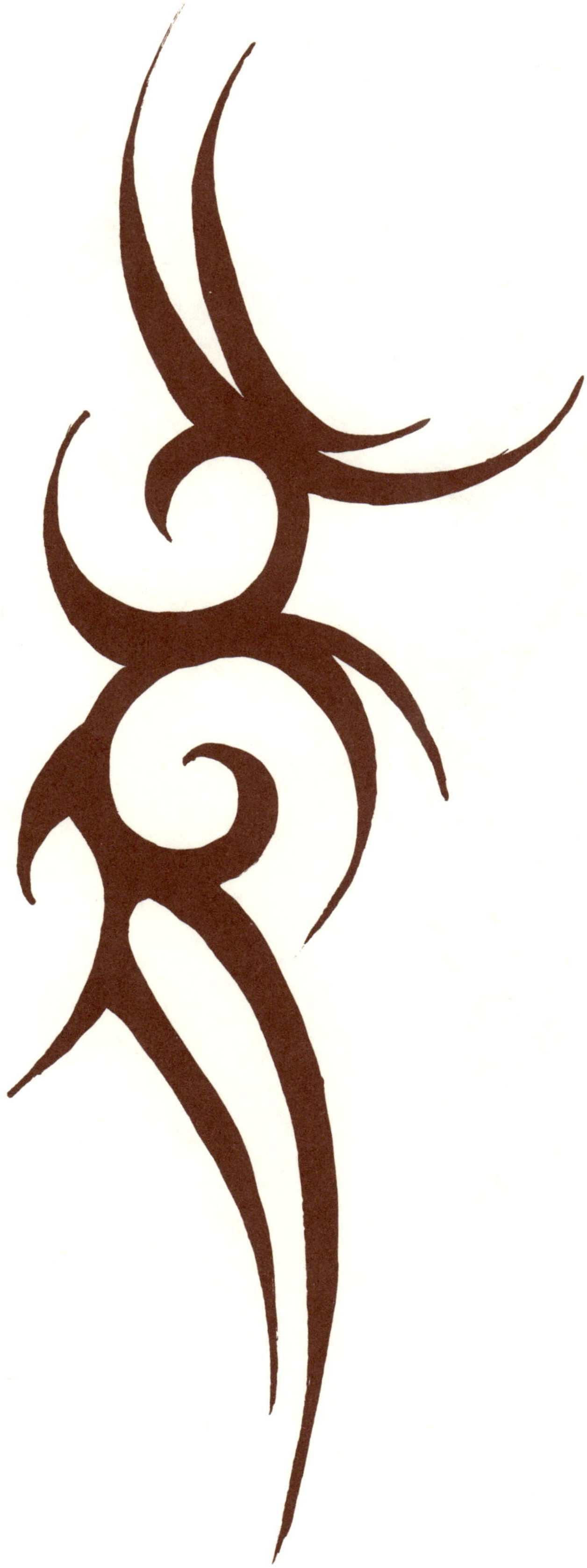

TRIBALS

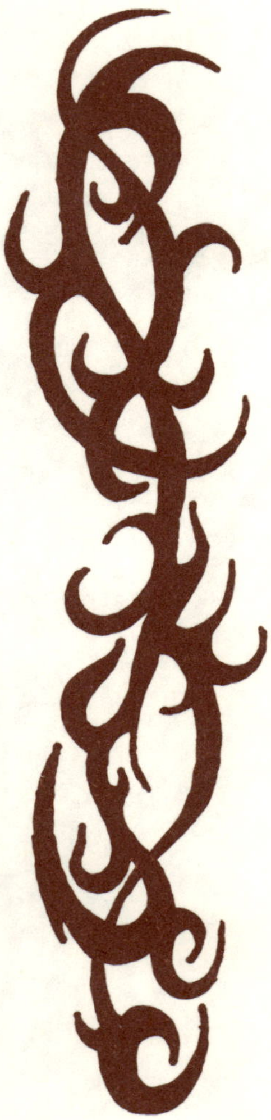

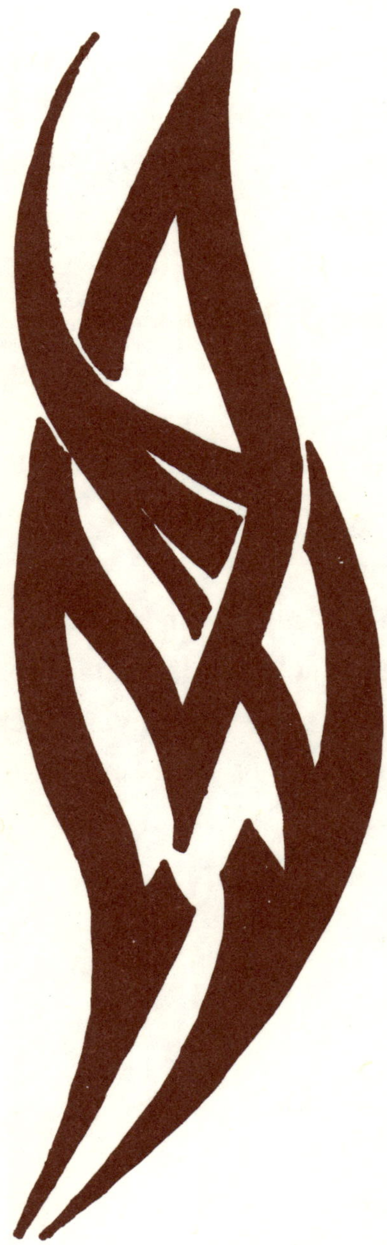

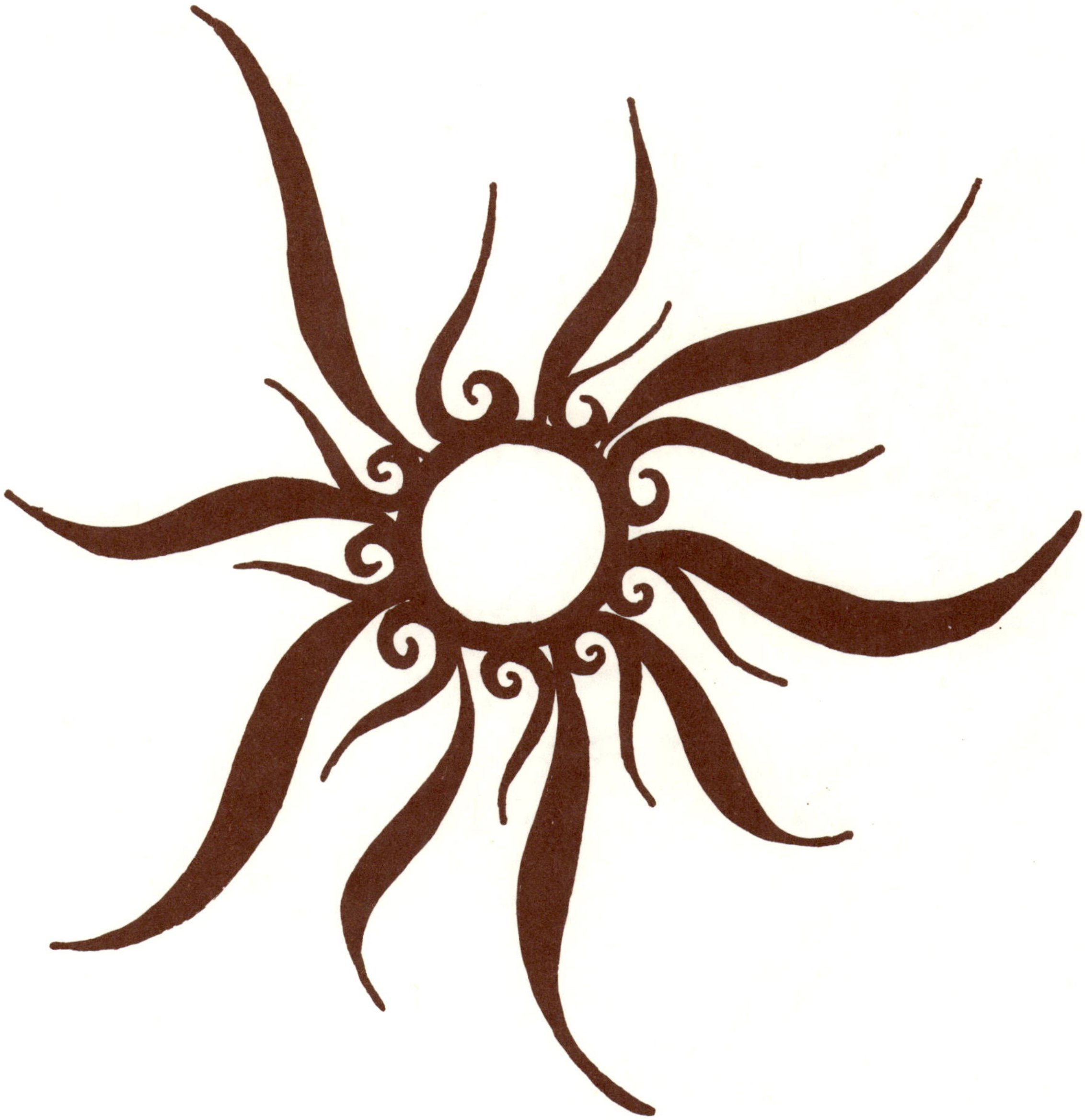

TRIBALS

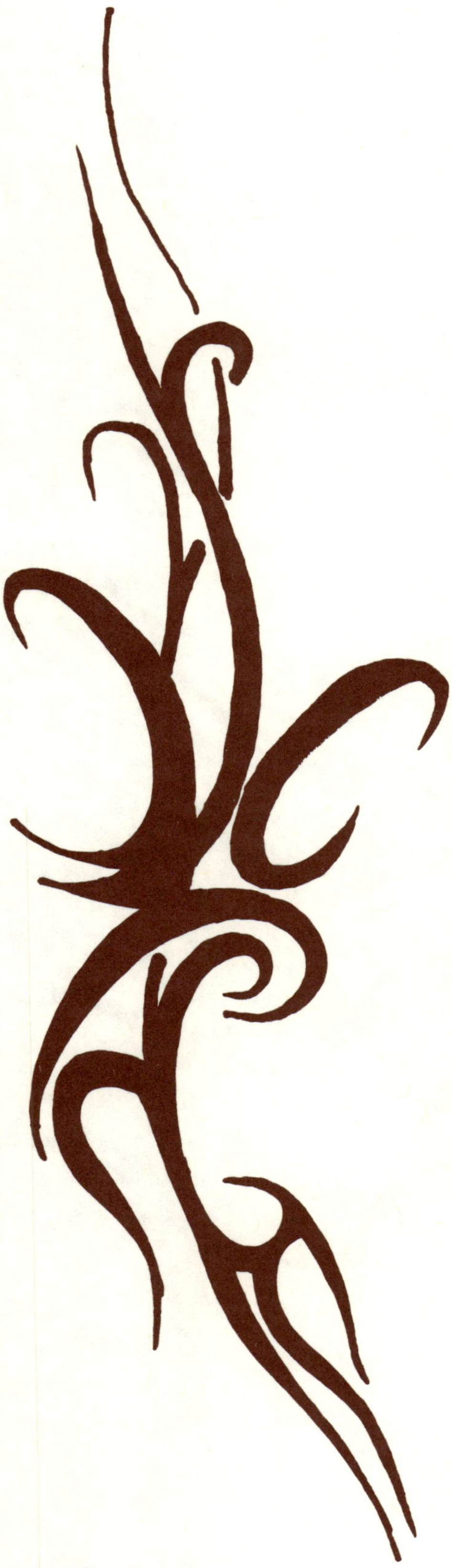

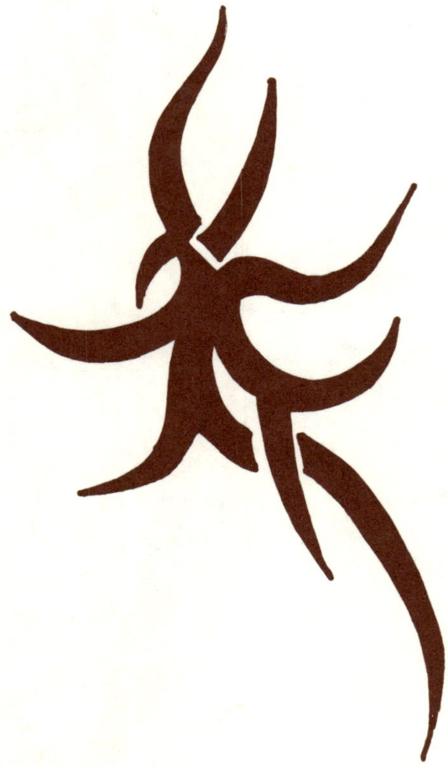

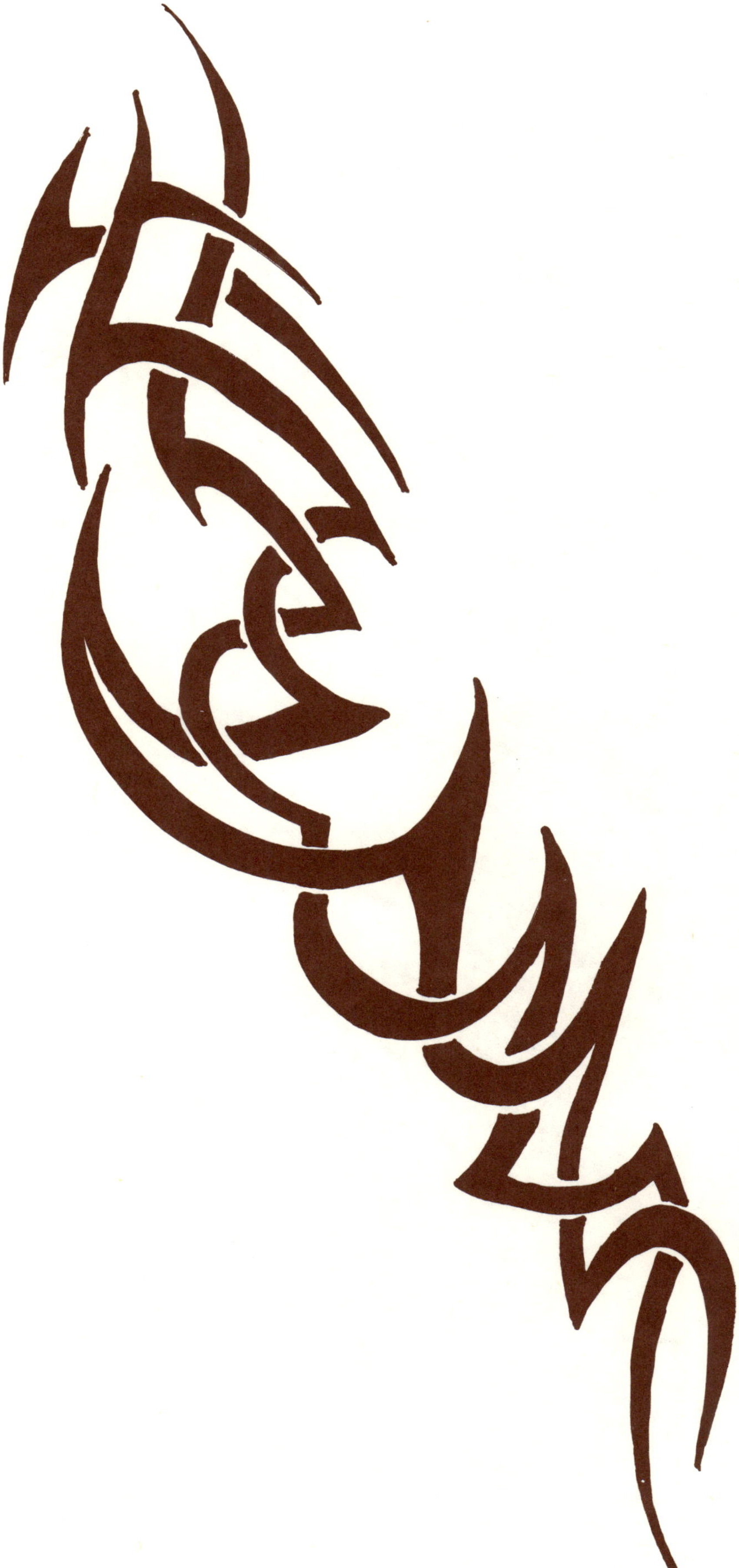

KRAFTVOLLE SYMBOLIK

Die Kelten galten den eindringenden Römern einst als barbarisches und kriegerisches Volk – nicht zuletzt wegen ihrer furchterregenden blauen Körperbemalung, die sie in den Schlachten trugen. Ursprung, Entwicklung und Bedeutung dieser Körperkunst sind aber leider nur bruchstückhaft überliefert, denn die Kelten selbst hinterließen darüber keine schriftlichen Zeugnisse.

DER KELTEN

Wahrscheinlich benutzten sie einen Pflanzensud aus Waid, Färberröte (Krapp) und anderen Gewächsen für verschiedene Blauschattierungen. Außerdem waren vermutlich auch Rot und Gelb beliebte Schmuckfarben, die besonders in den komplizierten Flechtwerken gut zur Geltung kommen.

Typisch für die Verzierungen der Kelten sind rankenartige Flechtwerke, Spiral- und Treppenmuster, häufig in Kombination mit Tier- und auch Menschenköpfen. Mit solchen verschlungenen Ornamenten schmückten zum Beispiel die frühen Bewohner der britischen Inseln nicht nur sich selbst, sondern auch Alltagsgegenstände wie Schwerter, Broschen und Handspiegel und ihre kunstvollen Schmiedearbeiten.

CELTICS

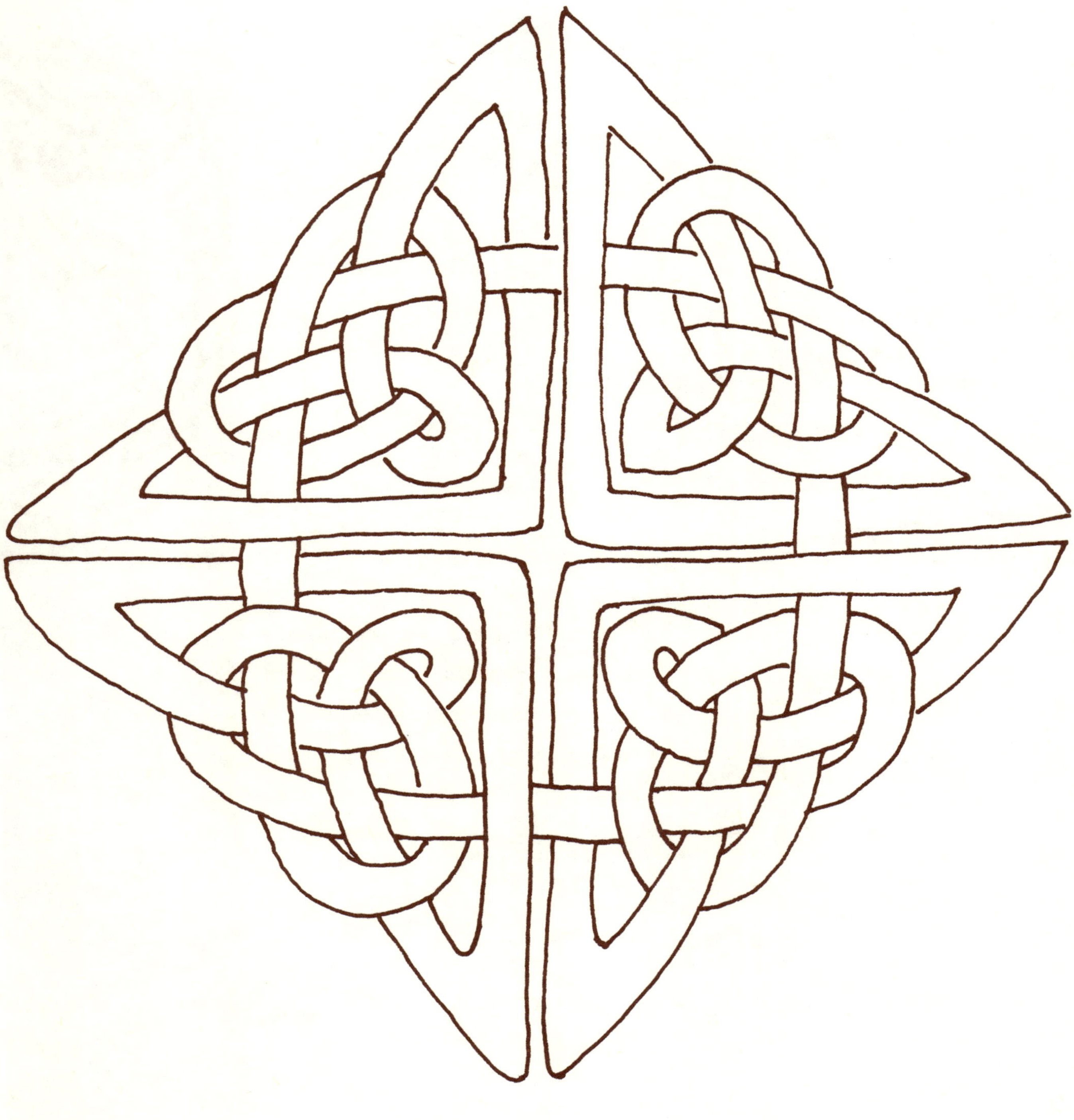

Mit Fortschreiten der Christianisierung ab dem vierten Jahrhundert n. Chr. verzierten keltische Schriftkünstler auch religiöse Bücher und Kreuze mit aufwendigen Schlingenmotiven.

Seit den siebziger Jahren unseres Jahrhunderts wurden, ausgehend von Großbritannien, die typisch keltischen Muster für Tätowierungen wiederentdeckt.

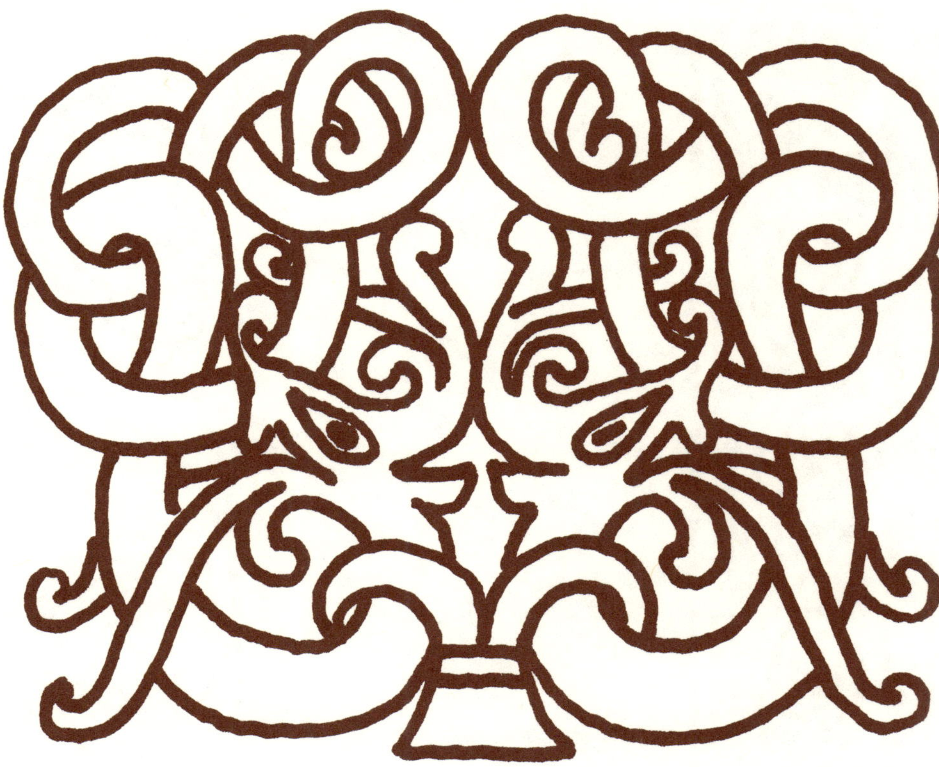

CELTICS

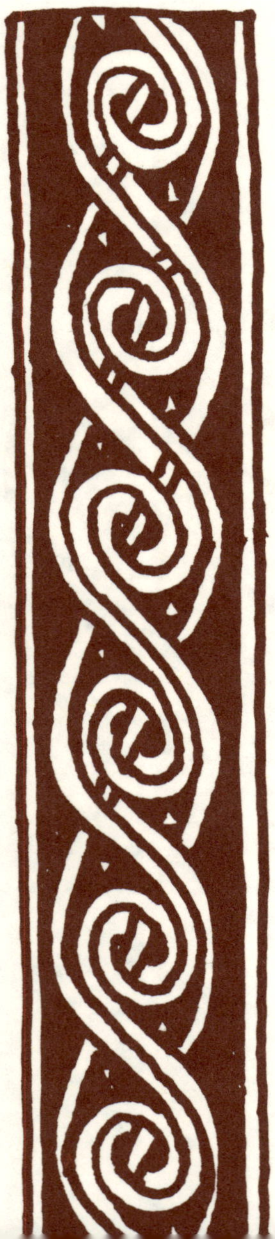

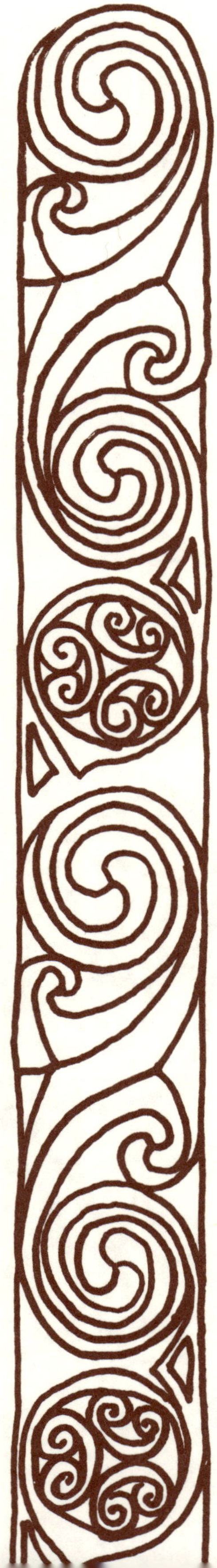

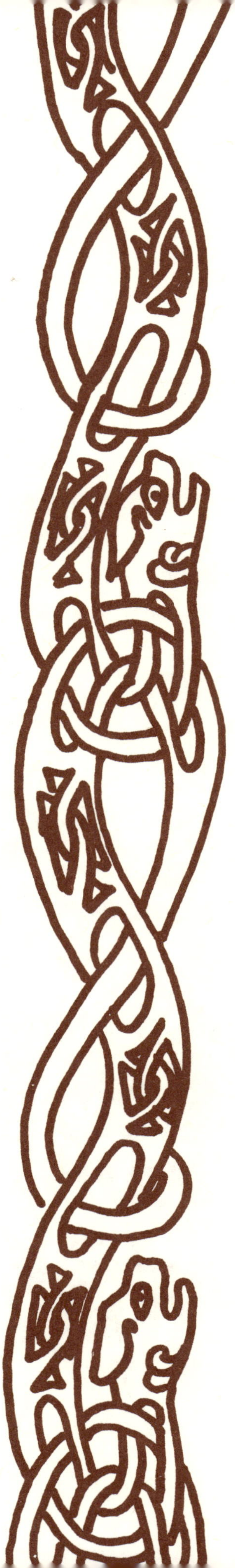

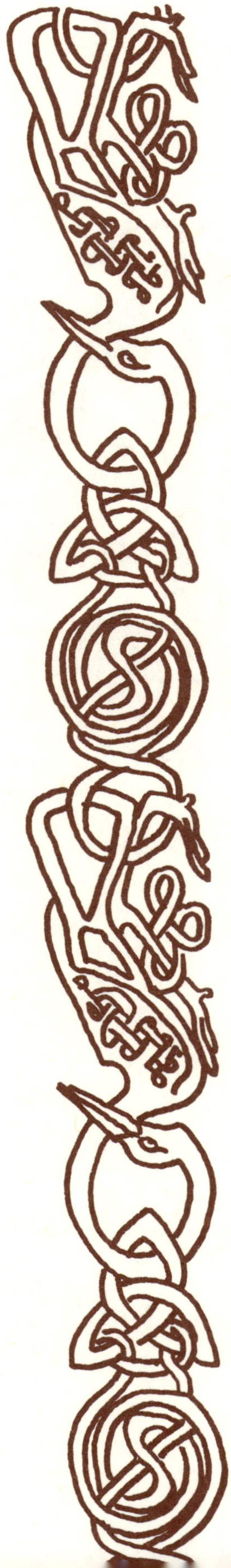

Obwohl die Flechtwerktechnik in der Keltengeschichte relativ spät auftaucht, hat sie für uns den größten Wiedererkennungseffekt. Die Kelten entwickelten eine unglaubliche Variationsbreite bei der Ausgestaltung unterschiedlichster Flechtwerke, und es dauerte lange, bis diese Technik entschlüsselt werden konnte.

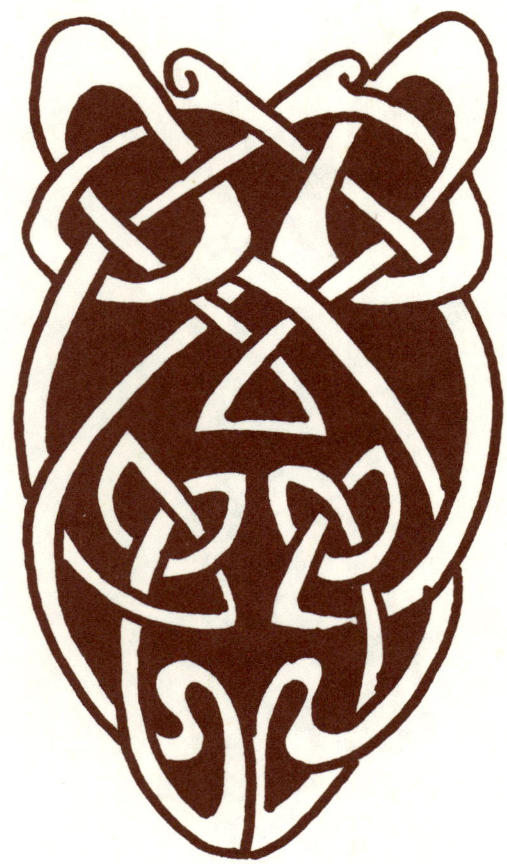

Die symbolische Bedeutung der verschlungenen Motive wurde nie auf Papier (oder Pergament) festgehalten, so daß wir heute nur Vermutungen darüber anstellen können. Die Ähnlichkeit mit Symbolen anderer Kulturen wie dem Lebensbaum oder der Schlange läßt darauf schließen, daß das Flechtwerk bei den Kelten den Kreislauf von Leben und Tod sowie die natürliche Verbindung aller Lebewesen darstellen sollte. Es gibt Hinweise darauf, daß das Zeichnen oder Studieren der Flechtornamente als eine Art besinnlicher Meditation ausgeübt wurde. Ihre Komplexität erfordert viel Konzentration auf Details, während es die einfache Geometrie dem Betrachter erlaubt, die Außenwelt zu vergessen. Die Jahre praktischer Übung, die man für die Meisterschaft in dieser Kunstform brauchte, entsprachen wohl etwa der Lehrzeit, um Druide zu werden. Daher darf man annehmen, daß das Zeichnen von Flechtwerken und anderer komplizierter Musterformen einen Teil der Druidenausbildung ausmachte.

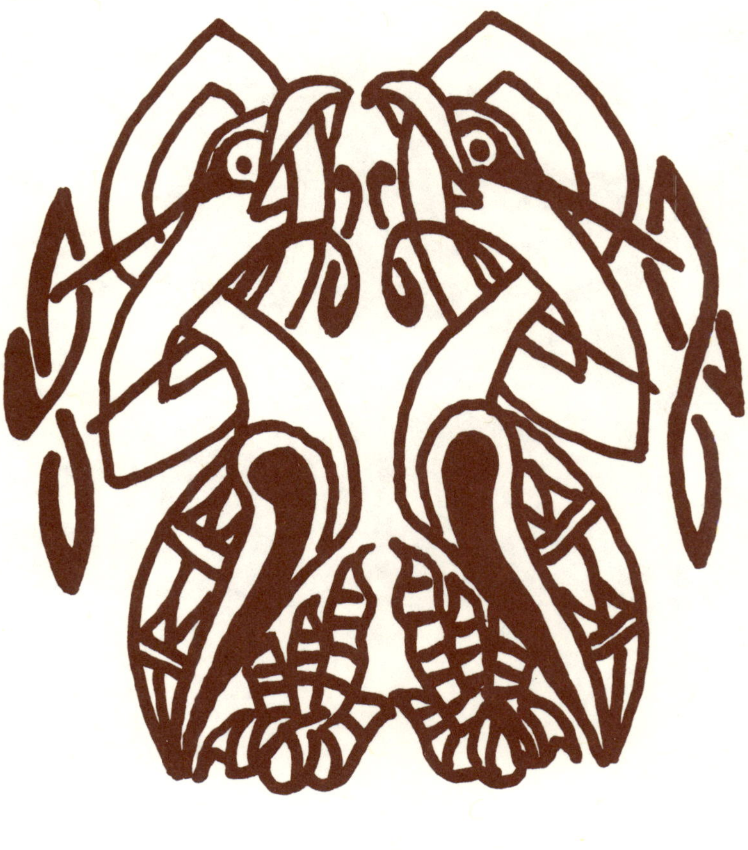

Tiermotive

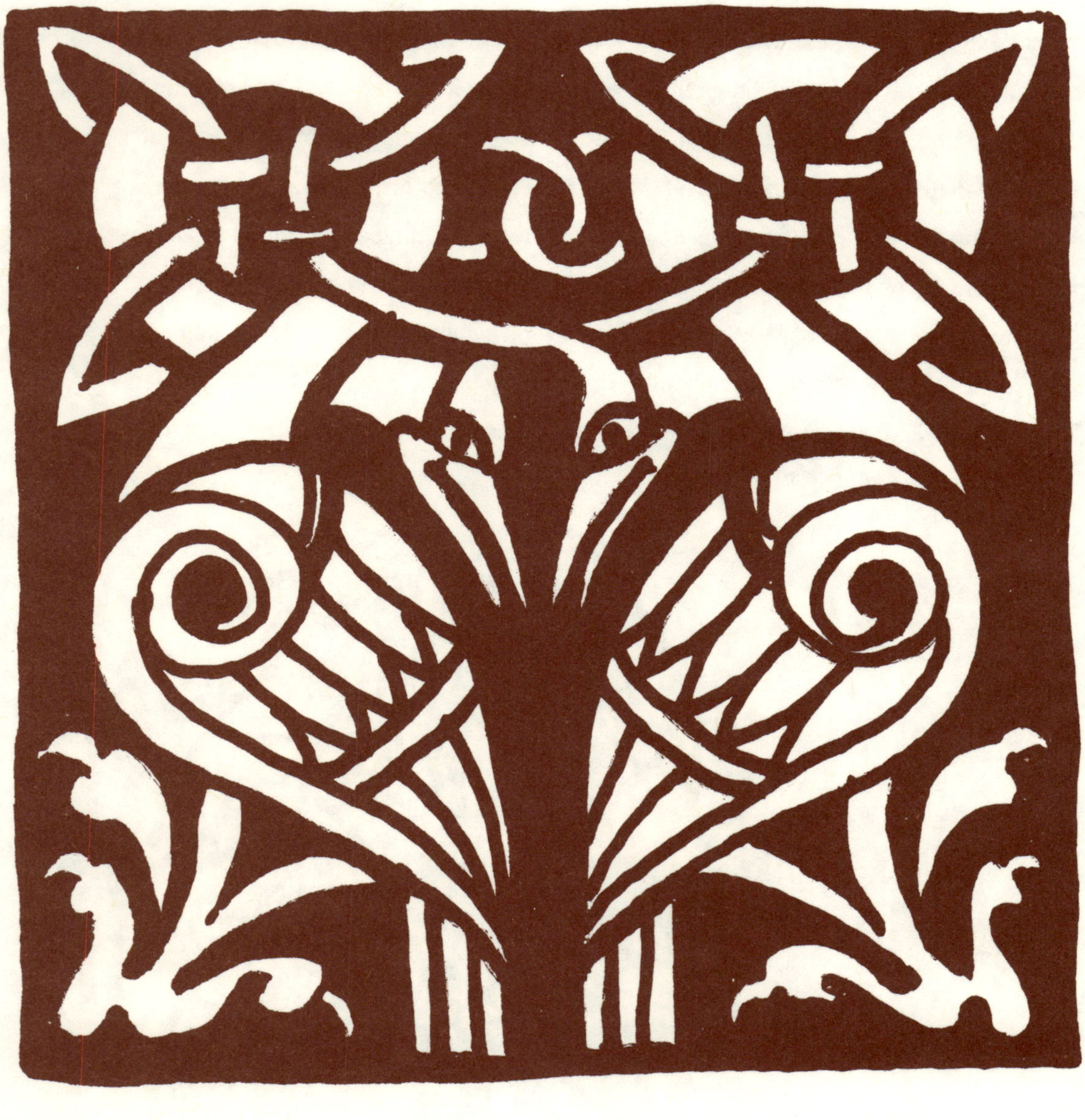

spielten offenbar eine wichtige Rolle für die Kelten, insbesondere Schlangen, Vögel und Hunde, denn sie tauchen besonders häufig in den Ornamenten auf. Alle keltischen Vogelmotive scheinen auf denselben Ursprung zurückzugehen, denn trotz zahlreicher Variationen wurden sie in sehr ähnlicher Weise dargestellt und sind wesentlich häufiger als andere Tierabbildungen. Jeder Vogel hatte dabei seine besondere Bedeutung: Krähen und Raben symbolisierten den Tod, Schwäne standen für Vornehmheit und Reichtum, Adler galten als die Könige der Lüfte und Eulen als Außenseiter der Vogelwelt. Pfauen und Seevögel stellten im goldenen Zeitalter der keltischen Kunst offensichtlich etwas Besonderes dar, weil sie die Verbindung der Elemente Wasser, Erde und Luft symbolisierten.

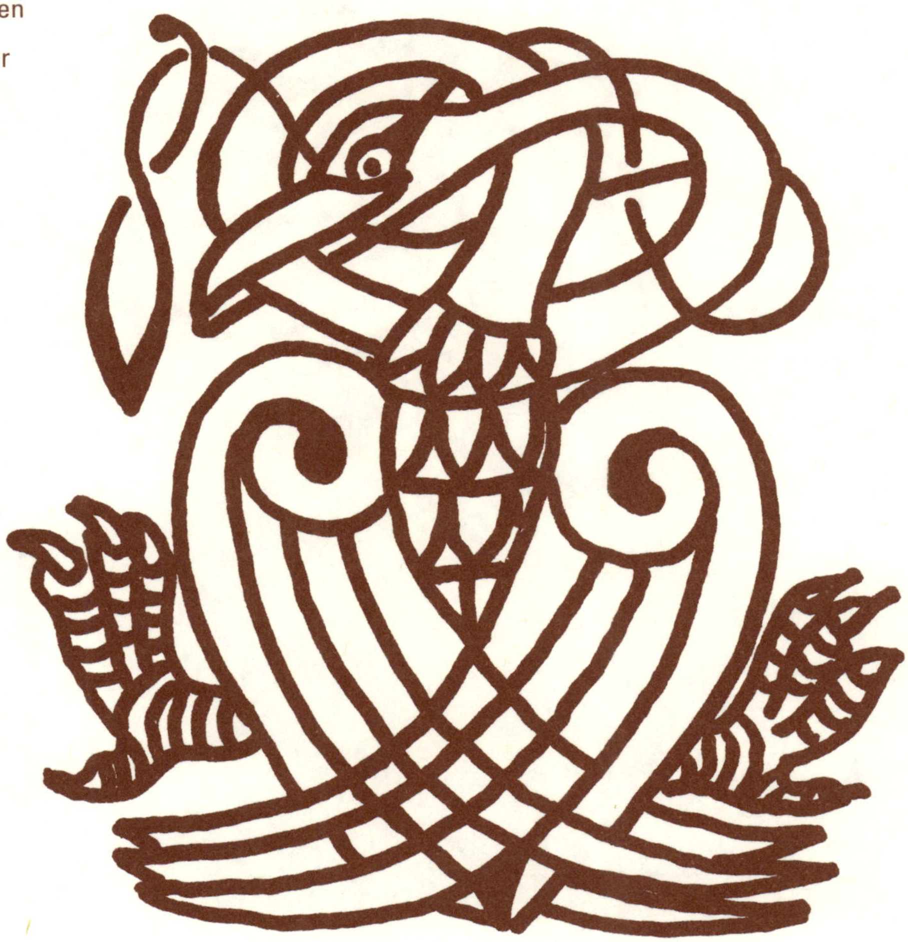

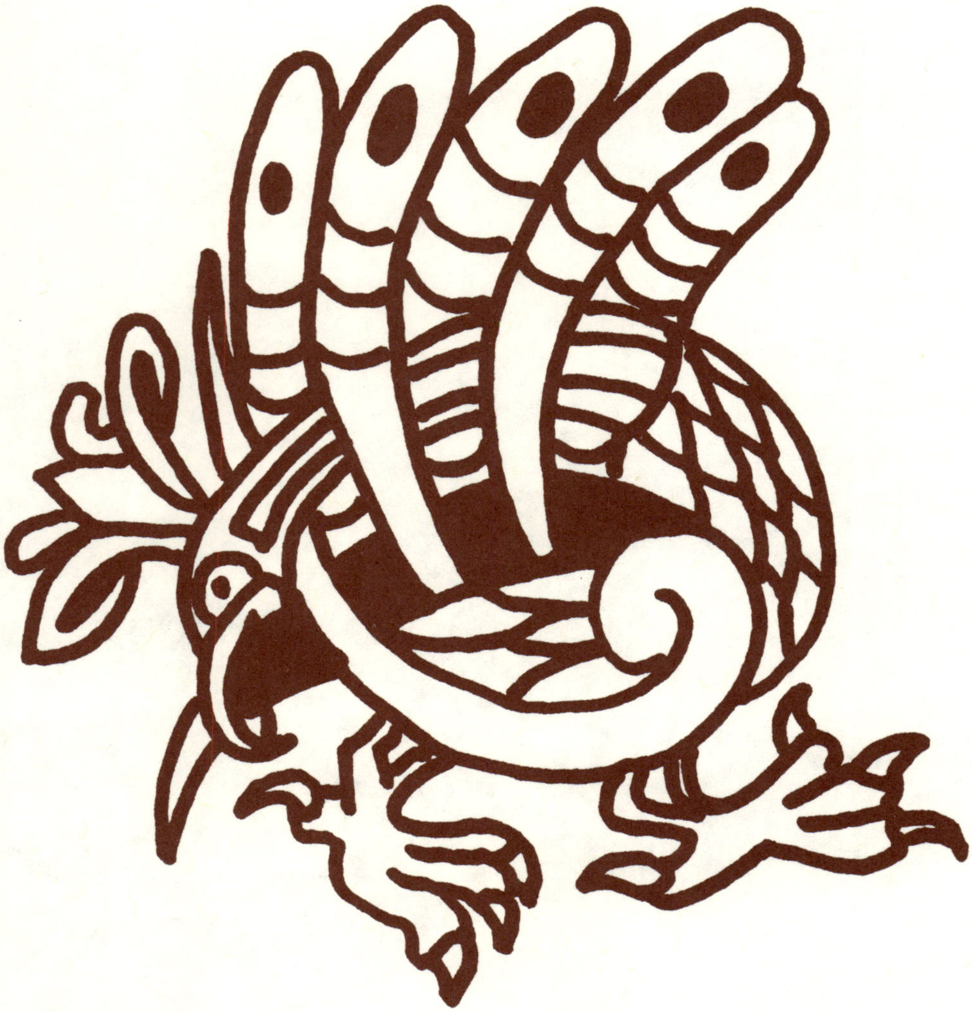

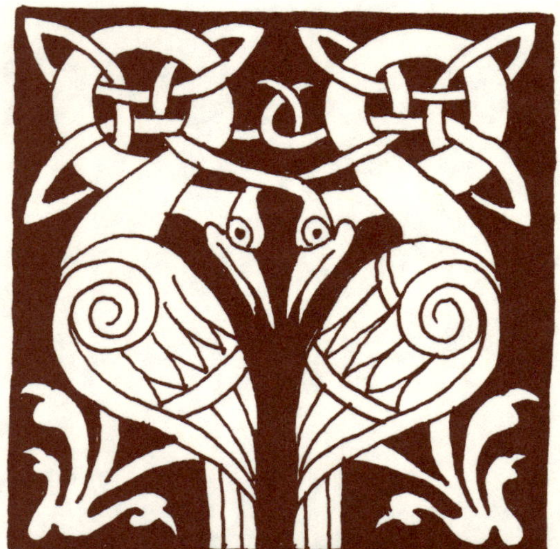

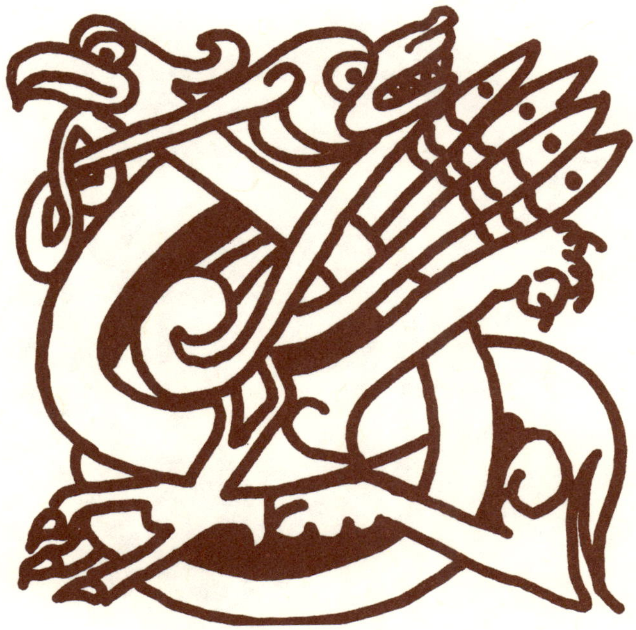

Obwohl Hunde für die Kelten wichtige Tiere waren, gibt es kaum Belege für die Entwicklung ihrer Darstellungsweise. Die zahlreichen Abbildungen von Hunden in illustrierten heiligen Büchern spiegeln aber die Veränderung des Christentums in Nordbritannien wider: Generell erscheinen Hunde bei den frühen Kelten nur in einem relativ ärmlichen Licht, während sie bei den späteren, christianisierten Kelten wichtige, geradezu heilige Tiere waren, die Treue, Pflichterfüllung und Tapferkeit symbolisierten - die Grundpfeiler der keltischen Kultur.

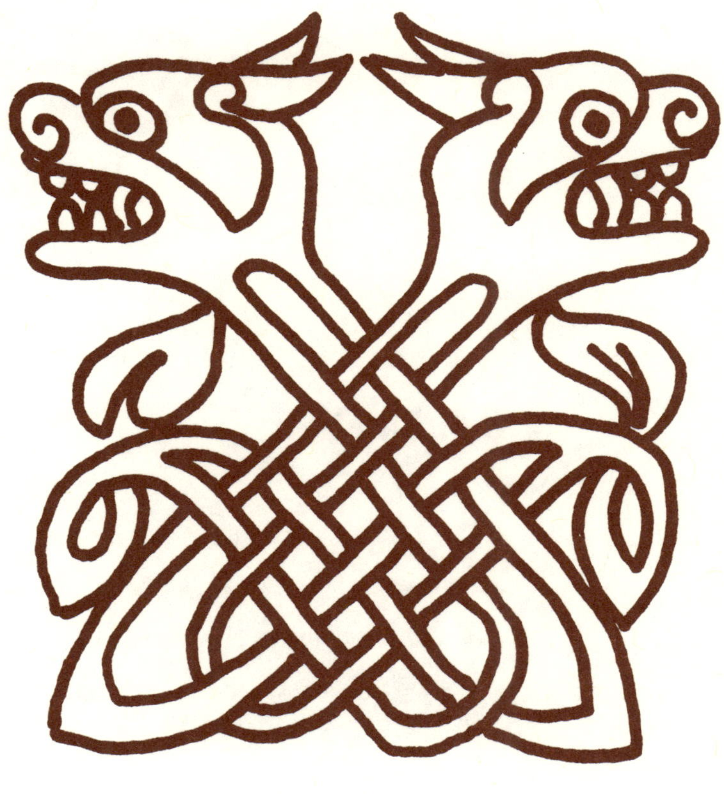

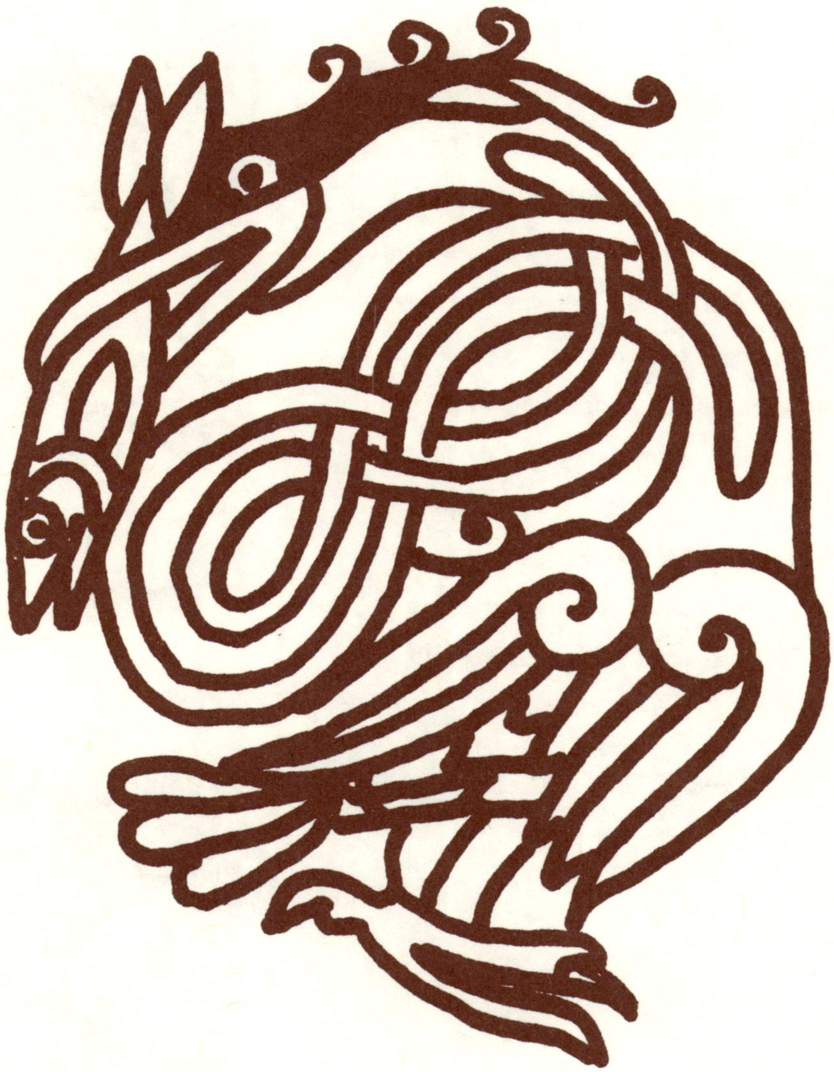

Fischmotive

Da die Kelten in der Regel in Küstennähe lebten, ließen sie sich von den Tieren in ihrer nächsten Umgebung inspirieren und entwickelten Ornamente mit Fischmotiven, die ein Symbol für Weisheit waren.

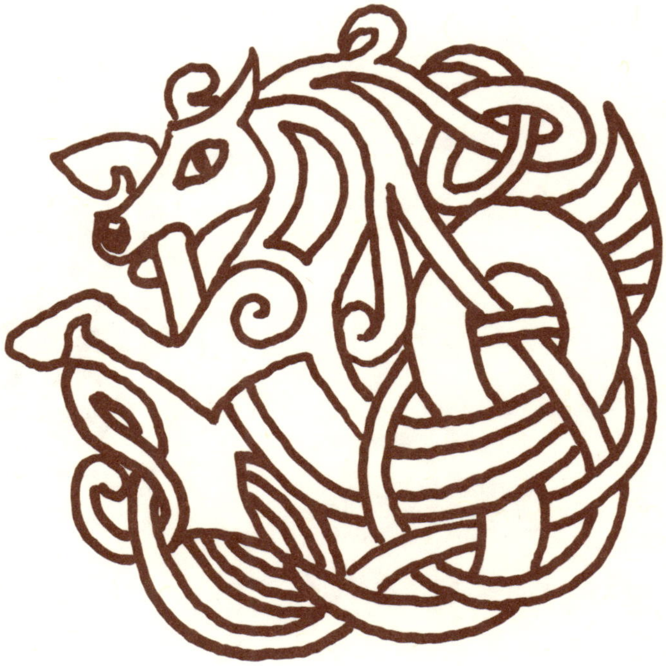

Pferde

tauchen häufig in Flechtwerken auf. Allerdings scheint ihre Darstellung keinen Regeln zu unterliegen, weil es sich vielleicht um ganz bestimmte Tiere handelte, die man möglichst realistisch darstellen wollte.

Pflanzen

Auch die Schönheit der Pflanzenwelt bildeten die kriegerischen Kelten in ihren Verzierungen ab.

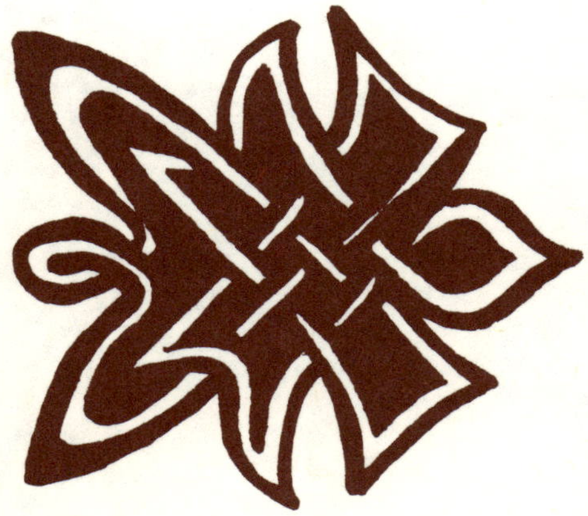

Modernere Abwandlungen der traditionellen keltischen Flecht- und Schlingenornamentik sind besonders bei Tattoo-Freunden beliebt.

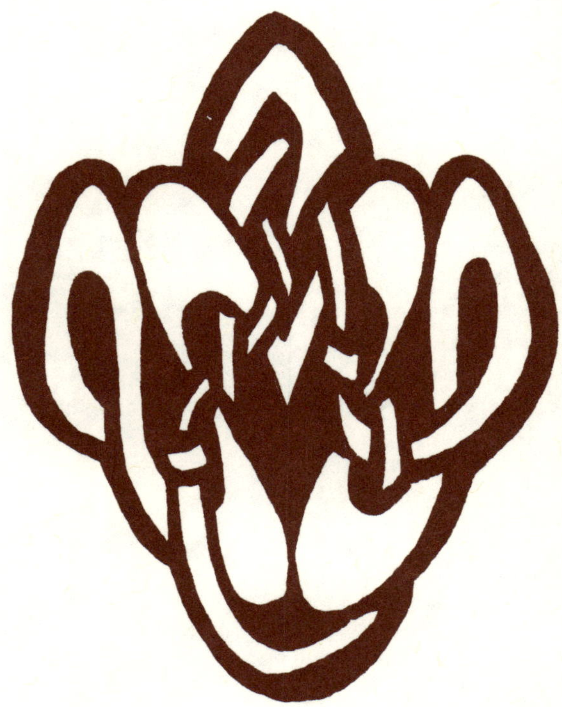

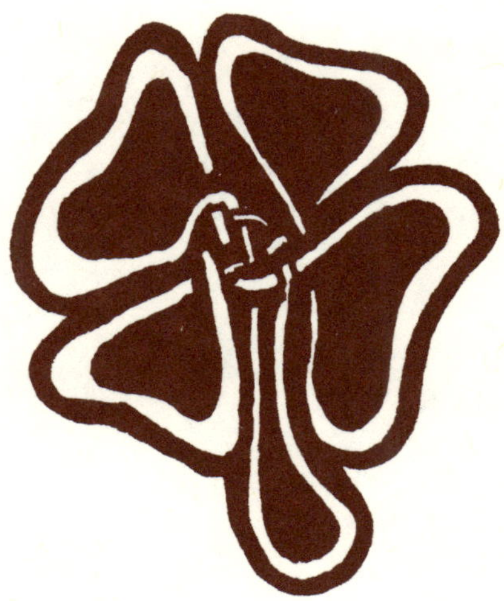

Versuchen Sie selbst!

Hier möchten wir Ihnen Gelegenheit geben, Ihre eigenen Motive zu entwerfen oder einzukleben. Anregungen gibt es überall, lassen Sie sich inspirieren!

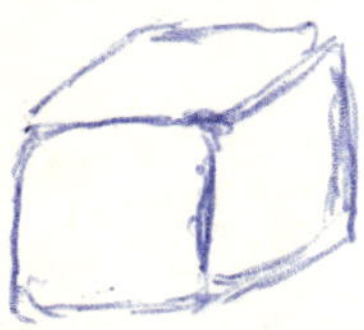

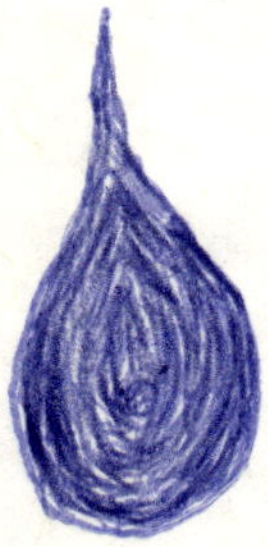

MEINE ENTWÜRFE

MEINE ENTWÜRFE

Über die Autorin

Die ausgebildete Visagistin, Kosmetikerin und Maskenbildnerin Petra Rascher absolvierte neben ihrer Arbeit für Fernsehen, Film und Theater noch ein Kunststudium. Während eines langen Aufenthaltes in Indien ließ sie sich zur Mehndi-Künstlerin ausbilden.
Seit 1997 besitzt und führt sie in Hamburg ein Studio für Henna-Painting, den *Mehndi-Tempel.* Nicht nur in Deutschland, sondern in ganz Europa hat sie sich als Mehndi-Künstlerin einen Namen gemacht und nicht zuletzt mit zahlreichen Auftritten in Printmedien, Funk und Fernsehen entscheidend zur Popularität des neuen Trends beigetragen. Dies ist ihr zweites Buch zum Thema; das erste ist der praktischen Anwendung gewidmet: *Mehndi – Bodypainting mit Henna.*
Neben individuell zugeschnittener Mehndi-Bemalung bietet sie in ihrem Studio auch Workshops zum Erlernen von Henna-Painting an und betreibt einen Versandhandel für ihre breite Produktpalette mit allem, was man für die Mehndi-Kunst braucht:
Henna-Bodypainting-Sets, Henna-Paste in Rot und Schwarz, Henna-Pulver, Bodypainting-Farbe aus Hollywood, Spezial-Applikatoren, Mehndi-Öl, Henna-Öl, Schablonen, Mustervorlagen aus Pakistan und Indien sowie Bindis, den typischen Körperschmuck aus Indien.

Adresse:
Petra Rascher
Mehndi-Tempel
Gertrudenstraße 2
20095 Hamburg
Tel.: 040 / 30 39 98 11
Fax: 040 / 33 88 71
e-mail: info@mehndi-tempel.com
internet: http://www.mehndi-tempel.com

Register

Weitere Bücher zum Thema Körperschmuck bei vgs

Zaynab Mirza

Henna Tattoos – Die schönsten Muster und Anleitungen

80 Seiten ▪ ca 100 s/w-Abb. ▪ Broschur ▪ ISBN 3-8025-1376-2

Stars wie Demi Moore, Prince und Madonna machten es vor – dieses Buch zeigt Ihnen, wie's geht: Individueller Körperschmuck auf Zeit. Zaynab Mirza beschreibt, wie man die Farbtöne vorbereitet, welches Henna geeignet ist, wie man die Farbtöne bestimmt – und alles, was man sonst noch wissen muß. Mit vielen klassischen und modernen Ornamenten, Schritt-für-Schritt-Anleitungen und Übungsmustern sowie einem Bezugsquellenverzeichnis.

Andy Sloss

Celtic Tattoos – Neue Muster und Anleitungen

80 Seiten ▪ ca 100 s/w-Abb. ▪ Broschur ▪ ISBN 3-8025-1382-7

Das erste Buch mit den authentischen keltischen Mustervarianten sowie Hintergrundinformationen über Herkunft und mystische Bedeutung. Detaillierte Anleitungen zum Nachzeichnen und Üben machen die Umsetzung leicht, ein ausführliches Bezugsquellenverzeichnis für die Materialien hilft beim Einkauf.

Petra Rascher u. Andria von Lossberg

Mehndi – Bodypainting mit Henna

96 Seiten ▪ ca. 40 farb. u. s/w-Abb., zweifarbig ▪ Broschur ▪ ISBN 3-8025-1383-5

Die Autorinnen sind Mehndi-Künstlerinnen und eröffneten das erste Mehndi-Studio in Deutschland. In diesem Buch erfahren Sie alles über Tradition und Bedeutung des indischen Bodypaintings mit Henna, Zubereitung der Hennapaste, Spezialtricks zum Auftragen und für die Haltbarkeit der Muster. Zahlreiche klassische wie moderne Ornamente in Foto und Grafik dienen als Grundlage für Ihr persönliches Mehndi.
Mit Anleitungen zum Nachmalen und Bezugsquellenverzeichnis.

Sabine Kühne

Henna-Paintings als edler Körperschmuck

96 Seiten ▪ zahlr. Fotos u. Abb., zweifarbig ▪ Broschur ▪ ISBN 3-8025-1384-3

Die Maskenbildnerin und Fotografin Sabine Kühne, seit vielen Jahren auf Face- und Bodypainting spezialisiert, stellt die wichtigsten Informationen zum Thema zusammen und entwarf für dieses Buch eine phantastische Kollektion von außergewöhnlichen Mustern für besondere Gelegenheiten.

Beth Margetts

Bindis – Bindi-Design zum Selbermachen

64 Seiten ▪ 80 farb. Abb. ▪ Broschur ▪ ISBN 3-8025-1398-3

Ob als dezentes Einzelstück auf Stirn, Wangenknochen, Kinn oder als auffälliges Ornament am Hals oder um den Bauchnabel: Der traditionelle indische Brautschmuck wandelte sich zur fantasievollen Extravaganz. Bindis in schillernden Farben und mit glitzernden Mustern kann man nicht nur überall kaufen, sondern auch selber machen – zum Aufmalen oder Aufkleben, abwechslungsreich und leicht zu entfernen.
Wie das geht, was man dafür braucht und welche Bedeutung bestimmte Ornamente haben, erfahren Sie in diesem Buch mit mehr als 30 originellen Designvorschlägen und Schritt-für Schritt-Anleitungen.

Pansy Alexander

Nail Art – Nagelschmuck zum Selbermachen

64 Seiten ▪ 80 farb. Abb. ▪ Broschur ▪ ISBN 3-8025-1399-1

Mit frechen Mustern aus schimmernden Lacken und in leuchtenden Farben, mit witzigen Details zum Aufkleben wie glänzenden Perlen oder Schmucksteinen lassen sich Fingernägel kunstvoll und extravagant schmücken. Jede Hand wird damit zum außergewöhnlichen Blickfang. Mit mehr als 60 Designvorschlägen und einfachen Anleitungen liefert die Nagelschmuck-Künstlerin Pansy Alexander zahlreiche Ideen für jede Gelegenheit.